U0944050

萧乾 主编

新编文史笔记丛书

第一辑

6

巴蜀述闻

江安黄穉荃

◎四川省文史研究馆 编 ●高朴实 李有明 张小谷 主编

中華書局

目录

史海拾零

文教谈往

艺苑品藻

民族宗教

四川戏曲

山川胜迹

天府饮膳

杂录琐记

新编文史笔记丛书

序

萧乾

读书界向来对野史有所偏爱。野史大多是信手拈来的历史片断,且往往出自亲历者之手。文直事核,不虚美,不隐恶,而文笔潇洒自如,意味隽永,自然朴实,篇幅不长;可以摊开来仔细咀嚼,也可供茶余酒后、行旅倥偬中,随手浏览。

鲁迅在《华盖集》中,曾几次对野史表示过好感。在《忽然想到》一文中写道:“历史上都写着中国的灵魂,指示着将来的命运,只因为涂饰太厚,废话太多,所以很不容易察出底细来。正如通过密叶投射在莓苔上面的月光,只看见点点碎影。但如看野史和杂记,可更容易了然了,因为他们究竟不必太摆史官的架子。"又在同书《这个与那个》一文中说:"野史和杂说自然也免不了有讹传,挟恩怨,但看往事却可以较分明,因为它究竟不像正史那样地装腔作势。"

全国文史研究馆所编的《新编文史笔记》丛书,内容也属野史杂说的范畴。我们希望这些以亲闻、亲见、亲历为主的轶事掌故、琐闻杂记,写人、事而摒除误会曲解,述历史而符合真实面目。

作为一种短隽有味,文字清奇而又雅俗共赏的文学体裁,笔记在中国具有悠久的传统。它始自魏晋,盛行于宋代。南朝刘义庆的《世说新语》,北宋沈括的《梦溪笔谈》,南宋陆游的《老学庵笔记》,明朝张岱的《陶庵梦忆》,清朝纪昀的《阅微草堂笔记》以及20世纪30年代初丰子恺的《缘缘堂随笔》,都是文学史上的奇葩。然而,近年来笔记乏人问津。因此,我们出这一套书,也包含着挽回颓势之意。

全国三十二所文史研究馆拥有雄厚的稿源,两千多位馆员和各馆联系的社会人士,都是丛书的撰稿人。他们都是文史界的耆宿,见多识广,阅历丰富:有的反对过帝制,有的在"五四"运动中扛过大旗,他们目睹过军阀的横行霸道,也经历过艰苦卓绝的八年抗战。这些历尽沧桑的饱学之士,他们的所见所闻,都是弥足珍贵的史料。

本丛书分辑出版，分别由各地文史研究馆编辑，内容亦以本乡本土为主。因此，各册势必具有浓厚的地方色彩。

本着笔记固有的传统，所收各文题材不嫌庞杂。举凡与文史有关的政治、经济、军事、文化、社会等方面，或记闻见杂事，或叙往昔交游，或忆社会百态，均在搜罗之列。时间跨度则自清末以迄1949年为止。这正是中华民族从闭关自守到走向世界，从落后羸弱到奋发图强，是天翻地覆、风起云涌的大半个世纪。其间，发生过多少可歌可泣的事迹，涌现过多少杰出的人物。以这一时间跨度为背景题材写出的笔记作品，必然是内容最为丰厚的。

在选稿标准上，我们坚持史料一定要真，内容要新；既要防止以讹传讹，也力避炒冷饭。在写法上务求短小精悍、生动活泼。每篇以千字为度，希望借此在文风方面，提倡一下简约。在版式上，则想做到既利于阅读，又便于携带。

恳切希望文史界方家及广大读者，不吝赐正。

忆先师张大千

严贞炜

1935年,四川军阀割据,社会秩序紊乱,我家当时遭军阀的敲诈勒索,先君谷声老人迫不得已,遂率我及弟冉之,东出夔门,前往平津、上海暂避。是年五月,即由沪转平,得王晋卿老先生之介,赁屋于西直门前之牛角胡同。

不久闻溥心畬、张大千两先生为黄河水灾筹款,举办联合书画义展于中山公园。先君遂率我等前往观赏。到时,见两先生正对客挥毫,孜孜忘倦之情使人敬佩。世传南张北溥,双峰并秀,洵非虚语。随得四川军人张重民之介,便认识了大千先生。我每见张先生作画，一点一笔，无不自然成像，神情清越，心甚爱好，久之为先君所觉，请先生收为女徒。先生欣然允诺。遂执弟子之礼。拜师之后，我时往先生寓所参见，恭聆教诲。先生以太师母所作花果手卷命我临摹，学习勾勒，学习点染，这算是基本课程。1936年夏秋之间，先生约游华山，同游者有张清平、张重民等。而先生沿途写生，手不停笔，指点山川云壑，连一草一木，也不放过，并教以如何选景抉材，如何立意求神，勾勒以藏其骨，点染以显其势，倘能日夕揣摩，自会得心应手。但我初学画，亦不甚了了，惟默记于心而已。

我们离家已一年有余，既到陕，去家已近，遂随先君与先生及诸父执辈告别，南返成都。

1939年，抗战日亟，先生偕眷来蓉，先君迎住家中。这年成都遭空袭频繁，作画不便，先生乃入青城山上清宫暂住。山中清溪幽涧之声，雾嶂晴峦之形时来案头；而松涛夜起，蛱蝶晨飞，又另具一番情趣。先生身居山中，思驰物外，不觉腕底云飞，画兴泉涌，日得一稿，夕成一画，画成搁笔，抚髯自乐，仿佛置身于清凉世界也。

先生挥毫之余，还在山涧峭壁间，种梅数十株，以补自然之不足。是先生以大地为绢帛，点染万物，力参造化。胸中丘壑，笔底烟云，使我有“高山仰止”、“心向往之”之感。

先生往来两处，颇感不便，仍返成都。时谢无量先生亦客寓我家。先君与二老朝夕把晤，时而吟诗作画,春生眉宇;时而感时兴怀,老泪纵横。我晨昏侍侧,浸润所知,领会不少。先生日必作画,每逢创作,必详加指点,如何用笔才能使其线条流畅,如何着色,方可做到尽态极妍。山峦云水取其意,草木禽鸟摄其形。敷彩行笔,处处以法乎自然为好。还要多读多作,含英咀华,习之既久,手目巧而形色自活矣!独惜我性愚手拙,记一失万。今日想来,真有负于先生之谆谆教诲矣!

大千先生杂忆

罗荣汉

被国际艺术学会选为“当代世界第一大画家”的张大千先生,与先父罗文谟(字静盦)是至交。1939年前后,我们两家都住在青城山上,大千先生住上清宫,我们住玉清宫。那时,他只有四十来岁,留着飘逸长髯。他曾有过一幅伫立松下的水墨自画像,还在题诗的末尾十分诙谐地自谓:“秀目长髯美少年,西蜀张爰字大千。”这幅画后来拍成照片分赠过一些友人,我家中的一张,珍藏到文革中才遭难。我在弟兄中年龄最少,他格外地喜爱我,不仅常给我讲故事,还常把我搂在怀里,用大胡子扎我的脸,给我留下了永远难忘的印象。记得有一次他故意逗乐我,十

分神秘地说："我是张天师转世的，我的眼睛晚上能看见鬼，每天晚上我都要和房檐下的小鬼说话。不信，你晚上来听！"吓得我一头埋在他怀里，一动也不敢动。还有一次，我不小心摔了一跤，伤心地哭了。他从画柜里取出一只在青城山捕集的蝴蝶标本给我，作为慰问。我们兄弟决定把彩蝶命名为"张老伯蝴蝶"，珍藏了很多年。

大千先生和他的兄长善孖先生都还长于画动物。为了细心观察，刻画入微，他曾先后饲养过老虎、金钱豹、长臂猿、西藏犬及红爪玉嘴鹰等珍禽异兽。我曾在他的"大风堂"画室里，目睹过一只比猫稍大一点的小金钱豹，在他的庭院中看到过一只被大铁链套住脖子的像小老虎一样凶猛雄壮的黑色西藏犬。

还有一件最使我难忘的事，那就是 1944 年春节，父亲带我去给大千先生拜年。他高兴得当场就取出宣纸，画了两张画送我作新年的礼品。他先画了一幅 "迎喜图"——一个顽童坐在地上，手持树枝，枝头站着一只喜鹊。题款是："甲申正月初三日，文谟社长携其五公子荣汉世讲来过大风堂，戏为迎喜图赠之。"画刚画好，墨尚未干，不能上色。我一看没有颜色，便嘟着嘴说："颜色都没得！"大千先生一听乐了，说："好，再画一张补起。"说完，又画了一幅几个猴子在树上攀援打秋千的横披。后来，我母亲将它挂在靠床的墙上，文革中，这珍贵的传世精品尽毁。

现在，大千先生留在我手中的比较有意义

的纪念品，要算他为父亲画的一套信封、信笺了。一株山茶，一位古装名士手持书信，低头阅读，旁边有大千先生题写的一行字：“殷勤问无恙，千里一纸书。”

少年何其芳

吴天墀

嘉陵江水碧悠悠，课余结伴上城头；
翔鸟远随帆影尽，霭霭烟云笼渝州。

这是1928年其芳和我在江北治平中学读书时生活情景的片断回忆。其芳长我一岁，学级比我低半年。一同来自万县中学的还有孙琴侠，年龄大些，对其芳和我常以“监护人”自居。治平中学在江北县城西北角，校址原为庙宇，房屋陈旧，设备简陋，校长黄源深能用较优薪金礼聘教师，教学质量颇好，来学者踊跃。

那时，父母双亡的我，境遇艰困，只图初中毕业后能得一啖饭之地，不敢存升学的奢望。其芳的家庭经济优裕，母亲又有较高的文化素养，在其熏陶下，学问是有些根柢的。特别嗜好文学的他，对正规课程不甚留意，大读诗词小说，却到了废寝忘食的地步。对冰心的《寄小读者》，潘光旦的《小青之分析》，他都十分喜爱。其芳的写作能力很强，不特小诗情意婉约，造辞精练，当

时每周作文，他动起笔来也是洋洋洒洒，议论翻腾。记得他写过一篇《中秋感言》，开头由“一年容易又秋风”的感慨，引发出种种浮想和议论，曲折深邃，长达二千余字。他当时不过十六七岁，但口气十分老成，还浸透着伤感情绪，好像有一层迷濛的梦幻色调笼罩住了他那年轻的心灵。我担心他将被消沉颓废所剥蚀，经受不起人世的风霜。我们三个初次出门的青少年，在学校的群体里颇有陌生之感，课余常去登新城的城垣，从那里可眺望到悠悠流逝的嘉陵江水和青苍古朴的山城景色。若逢星期日，有时也到山城游览，惯去的地方，是天主堂街的北新书店，从那儿买到的《语丝》，是我们喜欢阅读的期刊。偶尔也会逛到白象街一带，因为那儿是商务印书馆和中华书局之所在。

本年岁末，我初中毕业后就在涪陵乡间教起小学来。1929年夏，其芳和琴侠也离开治平同去上海就读于中国公学。此后，我与其芳时断时续地互通音问，直到1938年春初才在成都得到晤面。这时他给我留下的印象，和以前大不相同了：精神焕发，言谈爽朗，似乎有一种新的信念，把他从旧日的消沉悲怨中解救出来。按照我的估量，认为他正自觉地在人生大道上迈开步伐，说得上“旧貌换新颜”了。他这次成都之行，是因受聘石室中学任教，而我在这儿则是即将毕业于川大的学生。但是，会聚是短暂的，这年8月，他又悄然离去，后来才知道，他奔赴延安去了。

此后我们再没有相见了。

几十年来，我曾多次把保存下来的其芳写给我的信,重温细读,想从过去这段遥远而难忘的旧谊中,吸取能慰藉和策励自己的东西。他寄的诗,皆系廿岁之前的少作,其中《想起》一首,情韵幽逸,耐人寻思。我把它录于下,希望通过它,让读者对这位卓越的诗人有更深的了解,也愿和我一样来领略一番美的享受吧。

想起江南的夜雨,倾下屋檐,
夹着一网网雷声,一刷刷电,
楼上楼下,我在雨声中走遍,
走过你的门前,不准你听见。

想起堤岸上,我们一排儿坐,
流金万点,是月影掉下江波,
你们挨次说,我静静地听着,
静静地睡着,望天上的星河。

想起你,想起你小小的温存,
半夜里醒来,一粒荧荧的灯,
悄悄地,恰像我梦里的灵魂,
是你,不是窗角儿的那颗星。

何其芳与沈从文

罗 泅

1929年，何其芳在上海中国公学预科读书时，试着写起小说来。他写了一个以爱情为题材的中篇，投给一家革命文学刊物。稿子很快退回，这使他很苦恼。他想向在学校任教的沈从文先生请教，又担心沈先生不理睬他。在写信时隐去了自己所在班级，希望沈先生回信时只写姓名，放在传达室的信架上。过了几天，沈先生便回了信，热情地鼓励他，并说写作别无门径，只有多读、多写、多观察、多体验。他还以为何其芳是化名，而非真名呢。

何其芳受到鼓励，不久，写出短篇小说《换秋》，用禾止为笔名，发表在1930年3月10日出版的《新月》第三卷第一期上，这便是何其芳在文学上的起步。

后来何其芳去北京大学读书，常有诗歌、散文在《大公报·文艺》副刊上发表。有段时间，这副刊由沈从文任主编。至此，沈从文才知道过去疑为化名的学生原来是真姓名。他很喜爱何其芳的散文，1935年沈从文写了一篇赞扬何其芳的文章《何其芳浮雕》，用上官碧的笔名发表在《大公报·文艺》上。后来，何其芳将散文集成册，取名《画梦录》，在文化生活社出版。大公报馆在举办文艺评奖时，在沈从文等的评议下，《画梦录》获得散文奖。从此，何其芳便蜚声国内文坛。

1937年6月，梁实秋化名絜如，在胡适编的《独立评论》周刊上发表一则通讯，斥责《画梦录》的文章令人看不懂，指责作者影响青年学生写"看不懂的新文艺"。胡适也在编后记中与梁文呼应，抨击何其芳一类的散文。沈从文则以《关于看不懂》(通信一)发表在《独立评论》上，为何其芳鸣不平，给胡适以大不敬。

何、沈两先生先后作古，往日的情谊，已成为一段值得回忆的历史足迹。

张学良将军印象记

岳星明

1947年夏初，我在台湾井上温泉初次见到了张学良将军。井上温泉位于台湾新竹市东南约30余公里处，系日本统治时期为昭和天皇修建的别墅。1947年自春迄冬，张学良将军就住在这里。当时，日本已将台湾归还我国，国民党中央政府任命陈仪为台湾省主席兼警备总司令，负责接管台湾。是年，我曾奉命担任新竹市、桃源县等地绥靖任务。

我的陆军大学十一期同学傅砚农亦在台湾警备总司令部任高级参谋。傅是贵州人，张将军前往贵州息烽时，与张曾有交往。一天，傅约我去看望张将军。我对张将军钦慕已久，能亲睹一下这位英雄的风采，也是我的夙愿，便欣然同意前往，进行私人拜访。

我们乘坐汽车出新竹市东南约一小时后，即入温泉区。清和季节，天朗气清，从车内望去，只见浅山环抱，“野花发而幽香，佳木秀而繁荫”，“古木鸣禽鸟，蝉韵送松涛”，一路景色宜人，不禁心旷神怡。

到了井上温泉，由负责照料张将军的李专员(湖南人，名字已记不清)陪同步入别墅。这是一幢日式平房，构造精致，装饰豪华。张将军偕赵一荻女士一同出见，对我们的造访表示欢迎。张将军着茄克装，较以前见过的照片略显清瘦，但魁梧健壮如故。发际较高，发稀疏，英气溢于眉宇，刚毅见于眼神，看来少帅风采仍与昔无殊。赵女士则穿着朴素，布衣布鞋，手中还拿着正在密扎的布鞋底，其仪态娴雅，举止大方，尤令人起敬。我们略事寒暄后，即入内用餐。饭后休息时，从李专员口中得知，他率同妻儿陪侍张将军已历有年所，有一排宪兵归他指挥。井上温泉含硫量少，对人身体有利，其中设备也较齐全，有网球场等设施，起居饮食条件都算不错。但报纸仅订有《中央日报》，凡来访者都须通过李专员始得相见。不言而喻，张将军的活动范围

是仅限于温泉区域内，说他是笼中大雕，浅水蛟龙，庶几近之。

晚上，张将军夫妇设宴款待。席间交谈，彼此话题都有分寸，大多限于生活近况，不及其他。仅得知张将军长我七岁，平时潜心研读《明史》，喜打网球，有时与李专员下下象棋。张将军善饮，我勉能奉陪。酒为白兰地，菜肴极丰盛。李专员夫妇及小孩亦同席作陪。

餐前曾与张将军打两局网球。张将军球艺颇高，那时我亦酷爱此道，尚可凑合。又还下了局象棋。

次晨与张将军告别后即返回新竹市。我有幸与张将军这样著名的人物相处竟日，归后心情久久不能平静。

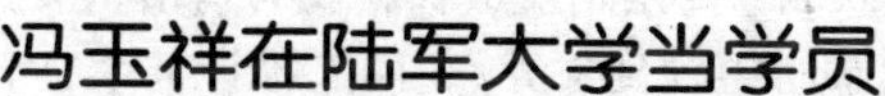

冯玉祥在陆军大学当学员

何翔迥

1936年12月，我考入国民党陆军大学特别班第三期。除考入学员120余人外，还有十多名由校长蒋介石特准入学的高级将领，计有鹿钟麟、石敬亭、张维玺、梁冠英、黄焕然、梁华盛、李振、刘元瑭等人。当时任国民党军事委员会副委员长的冯玉祥上将就是特准学员之一。他在历届陆大学员中职衔最高，自愿到陆大学习。主要原因据说是自知与蒋介石多有矛盾，可借学习为名，避免直接冲突。再则他是行伍出身，从未进过军事院校，入校学习可获得新知识。因之他虽仍有许多公务缠身，在学习上还是十分认真努力的。

1938年秋，特三期学员在长沙毕业。事前，蒋介石曾致电冯玉祥和代理校长蒋方震（字百里），说因事不能抽身主持毕业典礼，请冯代为主持。举行典礼时，所有学员都穿戴整齐，精神抖擞，兴高采烈。冯也显得特别高兴。他没有佩戴陆军上将的领章，而是穿一般军服，戴着黄边蓝底的学员领章，与学员站在一起。蒋方震请他出列到台上主持仪式，冯坚决推辞。蒋方震说："请副委员长主持典礼是蒋委员长的命令，怎好变更呢？"冯回答说："我现在是普通学员，不是副委员长。要是副委员长就没有资格领文凭了，可我却盼望领到文凭。"两人推让甚久，因冯态度坚决，最后仍由蒋方震主持。冯与同期学员一道，领得了毕业证书、毕业纪念章和同学录。领完以后，大家一致欢迎冯玉祥上台讲话。冯手执毕业文凭，不再推辞。上台讲述了此时的高兴心情，并勉励大家奔赴抗战前线为国效力。他的真诚向学和谦虚处世曾一时传为佳话。

赵熙与梁启超交谊甚笃

金慧海

赵熙，字尧生，号香宋，四川荣县人，清光绪壬辰年(1892)进士，先后任翰林院编修、修纂。宣统二年(1910)转任江西道监察御史。

赵熙为蜀中著名诗人，在北京时，公暇，曾与海内名士陈宝琛、陈衍、陈三立、林纾、严复、潘若海、杨昀谷、向楚、江叔海等结诗社，互为主客，抒怀赋诗，实以文酒之会而清议时事。当时，庆亲王奕劻、贝子载振擅权，贪赃枉法。赵熙曾飞章弹劾奕劻，并奏请昭雪"戊戌六君子"冤狱，以直声闻名海内外。

梁启超自"戊戌政变"后即流亡海外，闻赵熙之名，遂函托潘若海介绍，向赵熙投贽称弟子。据梁启超回忆："庚戌秋冬间，因若海纳交于赵尧生侍御，从问诗古文辞，所以进之者良厚。"其致赵熙书云："仆为文浅薄庞杂，吾师得毋呵其为野狐禅；小女聪慧能文，不愿其继承家学，愿太老师教之，俾底于成。"其赠诗有"谏草留御床，直声在天地"之句。这段时间，梁启超所作诗，多由潘若海请赵熙修改评审。赵熙则刻意为其点串，使梁大有进益。正如梁启超《寄赵尧生侍御以诗代书》所追述："索我诗瘢痏，首尾涂臆之,益我学根柢。”可见二人相企之深。

1912 年,孙中山辞中华民国临时大总统职,让位于袁世凯。袁准备就任总统之际,曾通过亲信多次致意赵熙,表示有所借重。赵熙素知袁为人阴险,托病婉辞,乃避居上海。不久,又闻袁世凯电召梁启超入阁。梁启超在日本遣人到上海征求周孝怀的意见,周又与其师赵熙商议,都不赞成梁与袁合作。为此,赵熙遂偕周孝怀亲赴日本,在横滨见到梁启超,反复加以劝阻。但梁启超受其师康有为的怂恿,不听赵、周之言竟先行回国。赵熙只好偕周孝怀离日返川。过镇江时,赵熙还对周说:“梁与袁合作, 实处身败名裂之际。”此后,梁启超深悔被袁世凯欺骗利用,曾作诗赠赵熙,自云:“昔君东入海,劝我慎袪趾。戒我坐垂堂,历历语在耳。由今我思之,智计我岂翅。”

1913 年“二次革命”中,熊克武、杨沧白等在重庆起兵讨袁失败。事后,四川都督胡景伊诛治革命党人甚多,并诬赵熙为谋主,下令逮捕“法办”。赵熙避居重庆礼园,几达半年。后经梁启超、蒲殿俊向袁世凯解说,袁世凯迫于舆论,才致电胡景伊称“赵先生道德文章海内所重,应予保护”,其事乃解。赵熙曾作诗《寄任父》,有“眼中南海应无恙,膝下平阳定适人。地狱故应求我佛,出墙红杏一番春”之句,以谢梁维助之情。可见二人之相交,不仅谈诗论文,切磋学术,尤重以道义相勉,足为世范。

陈瑞林与吴玉章

邹作圣

陈瑞林(古枝),曾任熊克武部秘书长,省参议员。早年参加同盟会。辛亥年为推翻清王朝,吴玉章来内江活动,经喻培棣介绍相识,一同发难。十月革命后数年,吴玉章在成都,常向陈介绍俄国革命故事。陈甚为感奋,将俄国革命与黄花岗之役并提为联曰:“效赤卫队早起异军,掷弹横飞,一击促成开国史;使黄花岗并传千古,送春将去,九歌递诵礼殇篇。”1924 年,孙中山改组国民党,时陈瑞林曾去广东亲见国共合作新气象,想有所贡献。次年,熊克武率军赴粤,陈怂恿最力,遂乃有虎门之囚。陈于囚室勤攻马恩,有《感旧》一绝述及与吴的关系及其所受影响。诗云:“一时俊杰集三吴(吴玉章及荣县、内江两吴庶咸,辛亥内江独立,均在内江参与独立活动),发难吾乡识面初。赤卫军前谈战史,虎门益诵马恩书。”

杨庶堪与段祺瑞的交往

於笙陔

杨庶堪(沧白)先生负责上海党务时,段祺瑞、张作霖曾遣使诣孙中山先生谈协作事,孙先生予以同意。此当时盛称之"三角同盟"。浙江督军卢永祥为段心腹,参与段之大计,孙先生思答段聘使,令沧白入杭州诣永祥示意。其后,冯玉祥、胡景翼、孙岳军举义,会师北京,羁系了曹锟,驱走了吴佩孚。段祺瑞起为执政,张作霖遥为翼戴。段遣其乡人许世英邀沧白至天津计事,沧白密告孙先生,当即许伊前往。会太夫人病,其子洵又被盗劫质索赎,不得恝然置之,遂谢而未去。而许世英敦促无已,乃托友人往答其使。在会见段祺瑞时,段说:"外传吾与孙先生及雨亭(张作霖)同盟,吾何德以堪之,吾实拥戴孙先生、敬慕其同盟诸子耳。闻孙先生有恙,不即北来,吾甚怅惘。国事蜩螗若此,吾侪何忍坐视,孙先生不以吾为不肖,吾且承乏于斯,日夜冀孙先生之至也。吾思沧白禀孙先生重任,切望其来,共决大计。焕章(冯玉祥)、世英皆知此意也。"接着,段又感叹地说:"吾闻沧白太夫人病,子被劫质,盗风披猖至此,非赎无以全命,颇知沧白贫于财,忧苦之情,盖可想见。吾姑助二万元,幸善

将事也。”友人悉以段言告沧白。其时段祺瑞既为执政,孙先生北游又以舟车劳顿,抵京后而病益剧,沧白乃与其弟子石青阳驰往北京省视,乘便往见段祺瑞,感其赎子之谊。段即畀以农商总长任命,并对沧白说:“吾日夜梦孙先生疾起,提挈国事,今遽未能,但吾与孙先生南北一家,公襄吾治,孙先生必无不豫也。”沧白仍以母病辞谢。孰知孙先生竟致不起,失所怙依,悲痛无已,他将孙先生敛殡办理完善,不辞段而返回沪上。段又令许世英催他克日启程,张作霖亦遣使敦促,在京诸同志亦给沧白写信说:“‘三角同盟’已成议于初,何宜峻拒于后,况段并非绝不可与为善者,及其机而用之,倘亦可以暂靖国家而纾生民耶!”他辞不获已,乃复北行就任,居职年余,遭母丧,即弃官南下。

蒋介石杨庶堪之间的一段故事

王善生

1912年民国纪元开始,袁世凯盗窃国统。次年国民党人反袁革命失败,惨遭屠杀,少数魁首流亡海外。1914年孙中山在东京改组国民党为中华革命党后,党人纷纷返回上海组织地下活动,以图重燃起义星火。杨沧白(庶堪)系辛亥四川首先反清建国的元勋,但开风气,功成不居,其道德文章，不特西南志士推为领袖，中山先生亦倚畀甚殷。斯时归聚上海之地下革命小组，以陈英士为组长，而杨沧白则其顾问也。蒋介石此时追随英士甚密，对杨沧白则礼敬为师，常求杨教学英语。继又进呈金兰谱一份，求与沧白先生结义为弟兄，先生笑而纳之，未置可否。不久，蒋携一仆从，投宿杨寓，请容短期下榻。蒋恒早出晚归。一日杨蒋俱外出，蒋仆收拾房间，失手将古瓷花瓶落地打碎。杨夫人闻而责咕曰，杨先生室狭，书物零乱，已无从位置，仅此一书房，那容上客局促其间，我真难为作此主人也。当夜蒋归，其仆似夸辞报之。次晨绝早，即携仆卷被而去。沧白后始察知，颇亦歉仄。但各以事牵，一时未有机会，向蒋解释。以后中山去粤开大元帅府，延沧白就任帅府秘书长。旋又命沧白入京，居间皖直奉间，审时定势。段祺瑞出任北洋执政府，延沧白任部长，沧白拒而不就。中山北上病逝，粤中军政渐由蒋氏。而蒋氏素与沧白不通闻问，沧白从此寂居旧京，时移世易，几于与世相忘矣。1933年间，余读书清华园，从合肥刘叔雅先生问学。先生视余若群从之列。恒招余夜谈，絮絮话当年从事革命反袁之事。先生云，首先奉中华革命党之命，到上海策划反袁者，是安徽范鸿仙，叔雅先生则范氏之助手也。不幸范氏为袁贼黑手所戕，英士乃亲自到沪深入规划，叔雅先生遂入英士幕，为其绾记。二十年后，沧白流寓旧京，叔雅则任教北大清华，两人文义相赏，莫

逆于心，一时勤相过从。叔雅先生为余谈此故事。

张群与秦良玉印

王　筑

1946年，四川忠县县长苏知杭闻省主席张群雅好古书画，遂动念，将本县文物明季女将秦良玉所绾总兵大印献之于张，冀以此博好感、保禄位。适赴省请示之时已至，竟利用职权将印携赴省会成都，谒见张群。述职后，即呈上此印。不意张群对此怫然作色，当即予以严词斥责："你身为一县之长，怎可将本地文物随便拿出？太不像个国家公务员！立即带回去归还本地文化单位！"苏此时愧赧汗颜，无地自容，唯唯而退。遄返忠县后即被撤职。

张澜支持学生抗苛捐

赵完璧

1925年夏，南充驻军师长何光烈，为扩充军队，苛征暴敛，特别是新设立的"典当捐"最不得人心。当时农村租佃关系比较混乱，有的佃租少

而押租重，有的全无佃租只有高额当价。这些佃户都是典当捐征收的对象，何光烈决定先在师部所在地南充试办，然后推广到整个辖区。南充四乡均设有委员办理，这为存心不良的人提供了贪污的绝好机会。

当时正遇张澜先生奔母丧回籍，接任县立中学校长。县中教育人士和部分士绅多曾向他述说此事，深表不满。先生考虑后，主张组织学生外出宣传，鼓动群众反捐。时有西路办捐委员刘宣三系何亲戚，在逢场日被学生赵光旗等抓住反缚其手，牵到群众前逼他向受害群众道歉赔礼。刘回师部诉苦，何认为大扫威信，颜面难堪，于是派徒手士兵一排，暗伏于学生进城必经之路，俟学生经过即冲出毒打。赵光旗因竭力反抗被打成重伤，校方用担架抬回，医治半月始愈。何光烈因征收命令不能执行，令将南充县印送交自治筹备处以示威胁，因筹备处未收，旋即携回，但典当捐也随之终止了。

何光烈原籍阆中，旧属保宁府，麻子脸。南充旧属顺庆府，依附何光烈的县人文瑞卿等脸上亦有麻子，因而有人讽以谐联曰："寧、慶两麻哥，中间安心作怪；吴、唐二局长，上下有口难言。"下联指吴钟南、唐文山而言，两人均系张先生学生，当时任团练局正副局长。他们本应负责维护地方治安秩序，但对驻军与学生纠纷，左右为难不敢过问，故有是语。

谢无量酷嗜古玩

邓穆卿

名流谢无量，平生嗜好收集古董和好书法。无量时常将一些小件的、珍贵的古玉种，如“翡翠玉”、“鸡骨白”等玉石藏于贴身小荷包内，一有闲暇便取出摩挲玩赏。遇有喜爱之珍品，便不惜时间，想尽办法，甚至是出高价，总之他要弄到手方甘。一次，其友汤万宇(时任田颂尧部参谋长)正宴客于成都西马棚街寓所，无量突急匆匆地闯进，称需二百元解急。汤问“何急？”曰：“但予勿问。”汤笑而与之。无量又匆匆离去。事后有人告曰：“无量携钱立即去会府古董店，买得数件古色斑斓之坛坛罐罐，喜形于色，坐在黄包车上，加意护持而归。”

无量还酷爱书法，甚至自写自鬻。1930年谢无量应于右任的再三邀请，出任监察院监察委员，然这对一个酷爱文史研究和书法艺术的学者来说，只是挂挂虚名而已。他照样上街卖字，无半点窘色，当然卖字一方面是为了解决拮据的生活费；另一方面却也是悠然自得的自我享受。

蒲伯英挥泪别故乡

胡鸿经

1931年旧历辛未正月，破五刚过，蒲殿俊(伯英)就告别了世代居住的“后仓老屋”，告别了眷恋难舍的故乡——广安，全家迁居重庆。在过去二三十年中，他曾是政坛、文苑的活跃人物。在辛亥革命前后，他领导反对“铁路国有”的保路同志会并被推为大汉四川军政府首任都督；在“五四”时期，他积极赞助新文化运动，主编北京《晨报》，倡导戏剧改革等等。当时还常被称述。他是在久经世故后，不愿俯仰随人才毅然离京返川的。为何息影故园不过数年，忽又匆促离乡并在新春佳节中举家远徙呢？据说出城上船时，他驻足凝望乡关城郭，再难强忍的老泪不禁夺眶而出。他确是被迫含愤离乡的。但在军阀统治下，传述特多隐讳。如老友萧湘为他所作《行状》，就含糊其词地说“旋以意外变故移居重庆”。意外何指？至今事隔多年，真实内情已较少人知了。

一周以前是庚午除夕，蒲家正按乡里习俗，全家团坐吃年饭，忽闻稀疏枪声，时作时停，派人外出探询，得知借驻县境的杨森所部，业已占据县城，原驻防军罗泽洲部都仓皇撤退了。蒲殿俊早曾风闻，罗已亲去南充平叛，后防空虚，不意号称同盟友军竟至乘虚偷袭，鸠占鹊巢，深以战乱再起为忧。慨叹未已，突有杨部散兵十余人破门而入院，扬言将搜查敌军眷属。蒲殿俊当即亲出解说，声明与驻军向少往还，决无窝藏，但对穿房入户的凶横士兵仍无法阻拦。正相持不下时，率先入城的姜日周团长已闻讯赶到。他一味偏袒部属，不听陈述解说，并在理屈词穷时悍然下令，将蒲上绑架走，押往团部扣留。

小城的消息最易传播，随后就有住城绅耆多人先后面见姜团长解说误会，请予释放。姜以抗拒军令为词，断然拒绝，辗转牵延，直到除夕深夜才勉允取保释放。

蒲殿俊猝遇屈辱，隐痛至深。但犹听信亲友劝慰，以为部属横暴，身为军长的杨森或当不知情。回顾他与杨森生同乡里，素有交往。当杨森兵败溃退出川时，他还曾受托向吴佩孚极力吹嘘拔兵助战，使杨得占有川东防地。以往既从无嫌隙，深信杨入城之后当有合理处置，不意静待数日毫无动静。据悉确曾有不少幕僚亲故向杨详述真实经过，促请整饬军纪，顾全旧谊。杨森始终是托故推阻，意向莫测。蒲得知此情后深感矮檐再难栖身，垂老义无再辱，最后就只有悄然出走了。

1934年夏天，我从广安去上海，路过重庆时，特地去看望过这位长辈尊亲。当时他正独坐窗前翻阅新购《芦川词》，意态颇为悠闲。在谈到

亲友近况、乡里疾苦时，频频摇头叹息，信口低吟张元干诗中一联：“莫话故园空矫首，相逢逆旅足开颜。”吟罢，沉默良久，神色黯然。这最后一次的相见，给我留下了深刻的记忆和怀念。

“人民艺术家”王大化

丰中铁

我国第一个新秧歌剧《兄妹开荒》，20世纪40年代在延安曾引起轰动，后来风行全国。王大化是此剧作者之一，又是首次演出的演员。他还担任了大型歌剧《白毛女》首次演出的执行导演。另还主演过好些话剧和秧歌剧。他对新音乐新歌剧有卓越的贡献，当时在延安是很知名的。

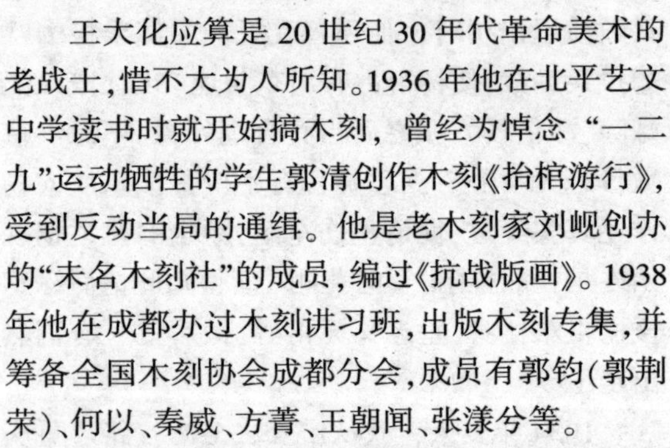
王大化应算是20世纪30年代革命美术的老战士，惜不大为人所知。1936年他在北平艺文中学读书时就开始搞木刻，曾经为悼念“一二九”运动牺牲的学生郭清创作木刻《抬棺游行》，受到反动当局的通缉。他是老木刻家刘岘创办的“未名木刻社”的成员，编过《抗战版画》。1938年他在成都办过木刻讲习班，出版木刻专集，并筹备全国木刻协会成都分会，成员有郭钧（郭荆荣）、何以、秦威、方菁、王朝闻、张漾兮等。

我和王大化相识是《新华日报》黄铸夫介绍的。初次见面印象是：典型的北方青年，高大健壮，一口京腔标准普通话，不时夹一句台词似的语言，生动得体而有趣；豪爽、热情、坦率、老练，显得涉世稍深，我们一见如故。当时负责“中华全国木刻界抗敌协会”工作的有黄铸夫、文云龙（金文韶）、刘鸣寂和我，都不是专职的，所以就和铸夫商量把大化要来。1939年初遂由南方局将他调来重庆。

他来后第一件事是举办第三届全国抗战木刻展览会。那时大后方的重庆，抗战气氛很薄，正是“前方吃紧，后方紧吃”，一片灯红酒绿歌舞升平的景象，群众深为不满，所以这个全部以抗战为题材的木刻画展，出人意外地观众十分踊跃。可是筹办这么大型的展览真不容易！其时刘鸣寂已死，人手太少，当布置会场的我们疲于奔命应付不了时，王大化那种善于吸引群众的魅力就发挥作用了。他愣想了一下，突然奔到门口唿哨一声，向街上的人宣传起来，他说我们这里是抗日的画展，凡愿意抗日的都欢迎来帮忙。立即吸引到了一些小青年，虽然并不认识，他都调动运用自如。由于要在门口贴张招贴画，缺一块大木板，他号召一声，就有个家在附近住的小青年跑回去扛了一扇门板，晚上扛回去，如此三天！可见王大化的组织才能和群众对抗日的拥护。

王大化是共产党员。山东潍县人，1919年生。1936年考入国立戏剧学校，参加洪深的演剧二队到四川，1939年去延安，1945年为陕甘宁

边区文教大会选为“甲等文教英雄”，在东北期间曾选为“特等模范工作者”，1946年因坠车牺牲，其时年仅二十七岁。经中共东北局报请毛泽东主席批准，授予“人民艺术家”称号。这是中国正式的第一个“人民艺术家”。

刘孟伉鬻字助人

鄢志敏

刘孟伉，1952年任四川省文史馆馆长。说起他的书法艺术，而立之年早已名噪川东了。

他于1932年举家由云阳迁至川东门户的万县后，在城南门(后因革命需要“作个新巢隐树腰”，迁至兴隆街)开设了一个名为“艺薮”的装裱店，以卖字、刻印为生，在店门前贴了一张广告：“作文要钱，写字要钱，不拘多少，看货安钱。现钱现货，赊欠免言。人情是假，肚皮作难。不请不怪，请了要钱。”他用旧式文人的外衣装扮了自己，一分货一分钱，要的钱越多越显出他艺术的高超。如给云阳写的“四川省银行”五个大字，他要了大洋五十元。给开县富商扈作汝写了一堂字屏，要了一千二百元大洋，真是“生财有道”了。正是如此，“艺薮”一开业，求书者不绝，求印者盈门，招徕了不少富商、大贾，万县一些大商号、别墅、寺庙的牌匾，多出自他的手笔。

当然,他取“资”有道是要看人说话的。他用资也是有道的。中共万县中心县委1939年决定筹集经费办一所下川东的抗大——国华中学，这堂字屏的润笔就用上了。那五十元大洋,也是在收到之后随手就分了一半给黄石山同志，他说黄一大家人,政府又长年欠教书人的工资,送这点小数给黄暂作家用。送革命青年去延安,缺路费的送路费,一些同志去他那儿,管吃管住,还要管零花。而他自己却节衣缩食,真是深厚的革命感情啊!

卢子英助郭沫若赴苏

李萱华

1945年5月，郭沫若将应苏联科学院邀请参加第二百二十周年纪念大会。蒋介石意图阻挠,迟不签发护照,亦不拨给经费。在会期临近时,郭的秘书翁植耘,曾通过私人关系想在中央银行借钱,但估计成否难知,因此,郭又想到了素有交往的卢子英,向他求援。

卢子英时任北碚管理局局长，所属文化基金委员会,经多年积累,存了一笔资金,曾支援过高士其、刘披云、汪伦等中共地下党员和进步人士。卢子英得知郭沫若的困难以后,便从文化基金中拨出一笔钱，通过北碚银行经理伍玉璋换得一万美金的支票，然后，用信封装好，派管理局服务生唐德桢，专程送往市内天官府七号。当时郭不在家，由于立群亲收，并在信封正面盖上郭沫若私章作收据，交唐德桢带回。

郭沫若在得到卢的资助之前，翁植耘也设法在“中央银行”借到了三千美金，因一万已足敷用，即将此款退还了“中央银行”。两月后，郭由苏联回国，将余下的五千多元还了卢子英。

时隔四十年之后，有人对这段经过捏造事实，混淆是非。为此，在1982年秋间，我特地去访问过卢子英先生，他证实了上述经过，并说：“郭先生很节约，大约只用了四、五千元，其余在回国后都还给我了。”卢的夫人邓文媛还证实说：“当年给郭先生装支票的信封至今还在，那是无意中留下来的。我为保存一张治风湿的药方，顺手用了这个信封。郭先生逝世后，我才觉得这是一件有纪念意义的文物。”那个当年北碚管理局使用的信封上面，有卢子英用钢笔写的“专呈郭先生沫若亲启”九字。“生”字处，盖有红色阴文篆刻“郭沫若”的私章。当时经手送信的唐德桢，见到信封曾说：“这就是我给郭老送钱的那个信封。这私章是我亲眼看到于立群盖上的。”

王世杰爱好书画和诗词

金绍先

人们都知道王世杰先生是武汉大学创建者，是政治、法律学术权威，也是抗战期间国民党政府红得发紫的大官。但他对收藏鉴别古书画和传统诗词的爱好，则鲜为人知。我从1929年开始在武汉大学半工半读的日子里，曾受到王氏的提挈和青睐。当时他与陈西滢夫人——凌叔华女士，都以古书画收藏家闻名一时。在一次小型观摩会中，我也曾帮助他们作过一些收集、传递、装裱等工作，开始培养了我对书画的爱好，至今不衰。据我所知，他在北大任教时期，北京政府为了鉴别整理故宫历代珍藏的书画文物，组织了一个十二人委员会，这就是“故宫博物院”的前身，王氏被推为十二委员之一。他的交好如马衡、王征被认为是品鉴专家，他的收藏品全经他们过目。王氏特喜搜集明代遗民及清初四王的作品。记得他藏有八大山人诗轴，草书五言诗：“纵步不知远，夕阳犹未回，好花随处发，流水趁人来。”笔力雄浑，而诗意雅静。他的书法及绘画，奇逸纵横，古趣盎然，后人评之为“虽天下之至巧，不能夺其工”。

艺术家常谓诗书画同源，诗中有画云云，王

氏不作诗词，但他在讲话中，则常征引诗词佳句，并教子女欣赏熟记诗词。王氏曾藏有明陈眉公的《风中柳词》。在他的四位子女中都能背诵其词：

燕燕于飞，补葺旧巢堪宿。草堂宽，何须华屋。水儿一曲，山儿一幅。翠征中须眉皆绿。　　拄杖敲门，有客来看修竹。但家怀，园蔬溪籁。菊花酒足，松花顾熟。日三竿图些清福。

王氏去台后，任“总统府秘书长”，1953年因曾建议陈纳德（美商）公司付两航飞机价款，联系到吴国桢赴美外汇问题，王、陈都被认为是吴国桢反蒋行动的同情者，蒋氏竟迁怒于王，受到撤职查办的处分。至1957年才改王氏为“中央研究院院长”，20世纪60年代又改任“总统资政”。虽说此后仍然优礼有加，在王氏九十大寿时，蒋经国曾亲往祝贺；但在“待罪”期间，王氏的委屈心情是可以想见的。近悉王氏晚年，在花园中坐轮椅上低声吟诵苏东坡的《西江月》：

世事一场大梦，人生几度新凉。夜来风叶已鸣廊，看取眉头鬓上。　　酒贱常愁客少，月明多被云妨。中秋谁与共孤光，把盏凄然北望。

王氏曾鼓励二女儿秋华（建筑师）把中国诗词译成英文。20世纪70年代，秋华由美国回台定居时，为了博取父亲的欢乐，把她最欣赏的东坡词译稿送阅，不料王氏看到《定风波》的最后几句:“回首向来萧瑟处,归去。也无风雨也无晴。”王氏竟手持译稿,一言不发,忽然泪如雨下,使得全家惊惶万状。由此可以看出王氏从东坡晚年的谪贬生涯,意识到在自己政途中充满了冷酷和凄凉的心情。他在遗嘱中说,在为他立碑时,只须刻上“前国立武汉大学校长王雪艇先生之墓”,除了表示他对亲手缔造的武汉大学倾注着无限深情和热爱以外,是否还表现了他鄙弃高官生涯,“北望”故国,诱发了对自己政治立场的一种再认识?

戴季陶忌讳“十三”

陈雁翚

成都少城有一条名叫吉祥街的小巷,僻处城西,西口接近城墙。

抗战前两年,蒋介石破夔门入四川,他最亲密的元老重臣、考试院长戴传贤(季陶),因有机会常来成都,后戴忽动念,要在成都购买一院公馆。戴与原刘文辉的副军长后任省参议会议长的向传义(育仁)交称莫逆。向住家少城槐树街,戴买公馆的首要条件,就是地址必须与向宅邻近,以便两家常相过从。

不久在吉祥街觅得一所中式结构的平房,地势宽敞,工料坚实,街名亦颇受听,尤为难得的是此处恰与槐树街向宅靠背，戴看后极为满意，当即买了下来。

不意此房门牌编为十三号，这又使戴大为不怿。因为西方国家尤其是信奉基督教的国家，多把“十三”这个数字视为不祥。《圣经》记载：在“最后的晚餐”上，耶稣师徒共凑成十三人，而其中第十三人，就是出卖耶稣的叛徒犹大。耶稣被钉在十字架上的那一天，恰又是十三日。如此等等，因而不少人认为碰上“十三”，必将要招来晦气。戴平日长袍马褂，读古书，行古礼，并未西化，但忌讳“十三”，却与西人如出一辙，而房子业经买定，万无弃置之理。不知经过几多推敲，最后决定废除十三号牌，改以新一号门牌代之。于是，吉祥街的十三号便“黄鹤不知何处去”了。

刘声元赴京请愿

何朝俊

刘声元(黎青)，为刘家谟的第三子，家住万县南门口。光绪二十八年(1902)四川省乡试，与其兄树声同榜中举人。

宣统三年(1911)参加同盟会组织，经万县县议会选任四川省议员。时值四川保路同志会建立，声元以万县股权代表及议员身份当选为赴京请愿代表。在成都北较场为声元举行的欢送大会上,他向欢送群众说:“今天和诸君告别,不是小别,是永别。我到北京去请愿,如果朝廷不答应我们四川人的要求,我不回来了。鄙人生死没有啥,希望诸君坚持到底……。”

抵京后,京都戒备森严,不得门径叩玉阶。经探听,摄政王载沣入朝所经地点,拦舆呼冤,陈上请愿书,弹劾盛宣怀卖国的行为,要求朝廷收回铁路国有成命。摄政王甚为震怒,即命押赴大牢,准备处以极刑。卸任川陕总督王人文、黑龙江将军程雷楼(云阳县人)等闻讯趋救,向摄政王陈以形势紧急,不宜严惩,应予宽恕。清廷始令饬解回原籍, 交地方官严加管束。行至武汉,武昌起义爆发,辛亥(1911)革命掀起了浪潮,声元脱险,任职起义军参谋。去职后,任三峡险滩管理处处长,著有《三峡险滩志》。旋任川江轮船公司总办,购有轮船行驶川河,以失利而告终。从此走上消极悲观道路,出家为僧,号曰“靖如居士”,终年不满五十。

冯玉祥在成都的爱国募捐

陈孔昭

冯玉祥将军以“中国国民节约献金救国运动总会”会长的身份,1943年12月来到成都。次年1月17日,“成都市各界民众节约献金救国大会”在成都少城公园(今人民公园)体育场举行。来自全市各界的代表和自觉参加的群众,共逾万人。

省主席张群亲临主持。大会各个项目由市长余中英负责推行。大会主席宣布开会后,先请冯将军讲话。他的讲话内容丰富,颇动人,激发了听众抗日爱国热情,全场充满同仇敌忾的气氛。

接着开始“献金”。由余中英一一唱名，各献金队领队依次上台自报捐献数额。其中银行队、商工队、工厂队、机关队、基督教队、僧伽队、妇女会、慈惠堂、贫儿教养工厂等等，共计献金1千多万元。此外，以个人名义捐献的计有张群1万元，严啸虎8千元，毛寿昌2万元，罗文谟鬻字义卖10万元，西蜀小学学生乐进敏每月捐5百元(直到抗战胜利为止)，小朋友唐希林、唐民固、叶思埙、钟茂轩、初必鸿五人献出自己储蓄零花钱的扑满共约5千元，特别值得一提的是有五名妓女共捐献了12万元，而全市七十多家银行，仅捐献124万6千元，每家银行平均还不到2万元。

义卖开始，大会达到了高潮。当余中英高举一件毛衣大声叫道：“这件毛衣是一位十二岁的小学生从身上脱下来捐献的。它表现了一个爱国儿童一颗赤心，标价5千元，谁要？”话音刚落，在旁的张群就一手接了过来，说“我要了！”台下立即报以热烈的掌声。接着余中英又举1物向众叫道：“这是一张精绣桌毯，标价1万元，……”话未尽，台下即有一位女士排开众人走向台前，说：“我要！”此人是川剧名演员静环。余中英又高举一件豹皮大衣说道：“这件大衣标价2万元！谁要？要的就请举手。”因为价较高昂，全场为之一震，众人相互张望，忽见一个女郎登上主席台，她要了。她是上海电影明星杨露茜。还有市府秘书长刘砻潮以2万元买了一幅魏碑帖，杜玉珍老太太以1万元买了个扑满，陈雪君小姐以4万元买了一方端砚，余就不及尽举了。

最后一件义卖品是一袭火狐皮袍，品质甚高，堪称是世所罕见之物。余中英特别提高嗓门宣称："这件义卖品标价10万元。谁愿买？"全场顿时哑然，个个瞠目结舌。有顷，人群中一中年男子大叫一声："这袍子，我买了！"随即走向台前从胯下取出一个胀鼓鼓的麻袋，把银行原封的钞票一叠一叠地抛上主席台，赢得不断的欢呼声和掌声。他向余中英耳语几句，并未索取皮袍，便空着手走下台了。人们不解其意，议论纷纷，余中英挥手示意，叫大家安静下来，然后向众道："买这皮袍的，是太平洋肥皂厂的经理薛云鹏。薛经理遵从他父亲薛坤山之命，将皮物回献给冯将军，以便再拿到其他地方去义卖，期多增加一份爱国力量！"话音刚落，在场群众无不为此爱国义举而感染。川剧演员静环、电影明星杨露茜、市府秘书长刘砻潮、杜玉珍老太太，陈雪君小姐以及一些不知名的义买之士，群起效法，都各将所买义卖品回献冯将军。

最后是自由捐献，这时出现了奇迹。但见一长串衣不蔽体、瞎眼跛脚的乞丐，一个扶着一个踉踉跄跄地从主席台左边上来，先用颤颤巍巍的手抚摩一下"救国献金柜"，然后即把自己乞讨积攒的镍币、纸(法)币一一投进柜里，复再相互扶持转向右侧蹒跚走下台去。此情此景，有良知的，无不激动，立刻就有不少人起而解囊，有捐现钞的,有捐金银的,有捐家藏珍宝的。他如名媛闺秀捐首饰珠宝;文人学士则捐书画、捐文物古董;清寒学生则捐钢笔衣物,大家争先恐后,惟恐捐献不上,且皆不愿留下名姓。一个双眼发红、泪痕斑斑的流亡学生先捐外衣,犹嫌不足,又捐背心,仍嫌不够,最后再献上贴身毛衣。这时正值严寒天气,好心人曾劝阻他:“不要冻坏了自己呀!”不意他反嗔目以对,说道:“国家危在旦夕,还怕人冻死!”

大会结束后,冯将军兴高采烈地从主席台下来,在群众的簇拥下,步行到公园门口上车。他尽可能地与伸到他身边的手握别致意,并频频点首感谢群众的爱国热情。

成都“少年中国学会”与《星期日》周报

穆济波

“少年中国学会”以“维新”精神、救国为己任,由四川青年王光祈、周无(太玄)、李璜、陈淯(愚生)、曾琦等发起。1918 年 6 月 30 日在北京顺治门外岳云别墅召开发起会,列名参加的还有李大钊、张尚岑、雷宝菁等。1919 年 7 月少年中国学会正式成立,并于上海、南京、武昌、长沙、成都设立分会,会员约五十余人(五四运动后发展到120人以上)。

"少年中国学会成都分会"共8名成员。他们是李劼人、孙少荆、何鲁之、彭芸生、李哲生(思纯)、穆济波、周晓和、李晓舫。1919年6月15日先叫"读书会",在指挥街李劼人家活动,阅读北京寄来的《新青年》、《新潮》、《每周评论》、《星期评论》等;此外读些关于法国社会主义和欧洲各国社会政策的书,思想囿于空想一派,没有接触到马列著作,观念较模糊。

李劼人有编辑经验,提议仿照北京办个《星期日》周报,会员各出大洋2元,由昌福公司代印,四开新闻纸,每期5百份,印费5元。并得到法专吴又陵教授、同盟会南社社员曾孝谷的支持,撰文以壮声势;华阳书报流通处经理陈岳安代为发行,1919年7月13日周报创刊号就这样诞生了。

周报的宗旨是:人人自觉去创造未来的光明世界,与现实界一切束缚的、阶级的、掠夺的、残酷的有形制度和无形思想作斗争;并与保守的旧习俗脱离关系。第五期转载了《湘江评论》毛泽东的《民众的大联合》文章。主持召开了吴玉章回川欢迎会。这些言论与行为,犹似巨石投入死水,立刻在青年和社会中绽开了璀璨的火花。周报发行量扶摇直上,达到9千份的高峰。不久,李劼人、李哲生、何鲁之纷纷赴法留学去了。孙少荆接办几期后交给穆济波负责。第三十三至三十五期曾出“妇女问题专号”、“劳动问题专号”，销售虽则上升，经费却极困难，在出刊一周年时停办，给成都报刊史写下光辉的一页。

“少年中国学会”总会，1922年于杭州开第二次年会出现争论。1923年于南京东南大学开第三次年会，分歧更大，形成左（恽代英、邓中夏等）右（曾琦、陈启天等）两派，公开决裂。最后，在1924年正式宣告解散，完成了它在历史长河里的使命。

眼看银元化成水

萧　烈

1930年宜宾县长兼市政督办沈衍曾为解决县城饮水问题，筹集专款，准备修建自来水厂。这笔钱是在全县田赋项下加征一年粮税，共收得银元十三万余元。如果及时兴工，只需此款的半数即可建成。惜乎计不及此，竟将此款全部存入宜宾电灯公司，后又移存宜宾县合作社联合总社。不久，宜宾县银行成立，又转存到县银行。其最早是沈衍曾主持这件事，沈卸职后，由地方人士任又村、解维哲等继续负责。1935年，国民政府改革币制，发行法币，市面流通全用钞票，禁用银元。当然这笔存款就由中央银行收缴而去转存为法币了。由于抗战期间法币不断贬值，

遂由一元面额逐步增为百元、千元、万元、百万元、千万元。到1948年,因通货无限膨胀,法币已经无法维持下去,乃在同年8月发行金元券,并明令规定:“以金元券一元折合法币三百万元的比价收回旧法币。”宜宾原存县银行的自来水厂专款十三万多银元,转为法币后,到这时本息合计共不过两百万元,以之掉换金元券,只能换得几角钱了。金元券使用不久,又复急剧贬值,到1949年6月22日即停止使用。同时又发行了银元券,按公布的发行办法,规定:“银元与银元券并行于市,以银元一元折合五亿金元券的比率收回金元券。”宜宾早年所筹的自来水厂专款至此完全化为乌有!

四川卢比

何　静

四川卢比,又称藏洋,是光绪年间为抵制印度卢比而仿照印度卢比铸造的银币,正面为光绪皇帝像,背面刻有“四川省造”四字,大量使用于康区(今四川甘孜州)及相邻的藏民地区,到1958年被禁止流通。

光绪二十七年(1901),打箭炉(今康定)同知刘廷恕看到英制印度卢比大量流入,“不但在西藏流通,而且在云南、四川也有流通”(《中国货币史》)，于是几次呈请四川总督奎俊设法铸造自己的银币以抵制印度卢比。在得到默许后，刘主持铸造了一种三钱二分的银币，正面有“炉关”汉字，背面是藏文，花纹沿其周。但由于技术、设备都相当落后，银币成色低而粗糙，出品也不多。这是四川卢比的前身。光绪二十八年(1902)，清政府感到太损脸面，以为“保我利权免致外溢”(《中国清代货币史资料》)，同意大量仿照印度卢比铸造四川卢比，质量、银色都要超过刘廷恕所铸银币，于是选择了成都造币厂铸造。

从光绪二十八年到民国五年(1902—1916)成都造币厂铸造藏洋一元的约一千七百五十万枚，半元约十四万枚，一咀约十一万枚。一元的直径为三十毫米，重三钱二分，等于四咀；半元的直径为二十四毫米，重一钱六分，等于二咀，一咀直径为十八毫米，重八分，等于四分之一元。四川卢比的含银成色随着铸造时间的推移而逐渐降低，从90%降到50%。到了民国五年(1916)，生银升值，银价甚高，成都造币厂见无利可图，便在同年停铸。但银币仍在继续流通使用，并在流通中消耗，于是市面上大感周转不灵，有的商家甚至不得不用期票代为周转。民国十九年(1930)川康边防军二旅旅长马骕甚感现金支付困难，征得边防总指挥刘文辉的同意，于同年在康定建立铸币厂，机器和技术人员都来自成都等地，于5月4日开工。所铸种类，与成都

的一样，但成色低于成都。到民国三十一年(1942)银色只在50%以下。约铸一千万枚。

1949年后，人民币定为法定货币，“四川卢比”流通范围日益缩小，到1958年停止使用。

抗战时的“四川漫画社”

乐以钧

全民抗战的口号响彻大地，成都美术工作者深感抗日救亡，责无旁贷。张漾兮、乐以钧、苗淳然、谢趣生、梁正宇、蒋丁引、龚敬威、冯桢、江宁、洪毅然、刘素怀、巫怀毅、牟康华等十余人，成立了鼓舞抗日军民斗志、激励广大群众爱国热情的“四川漫画社”。

他们自己掏腰包，买铅皮钉木框木架，用磁漆代替油画颜料，绘制出三幅题为“日寇到处无净土”、“平型关大捷”、“捐献支前线”的大型宣传画，树立在春熙路、祠堂街的街口，吸引着行人止步围观。又自费绘出一批宣传抗日的彩色漫画幻灯片，无偿送给各电影院于正片放映之前放映，深受观众欢迎。

四川漫画社同仁还开扩宣传阵地，为《新民报》、《国难三日刊》、《星芒》、《新新新闻》经常无酬提供漫画稿件，并由张漾兮、谢趣生在《新民报》和《新新新闻》每周出漫画专版。1938年元月，他们借春熙路"基督教青年会"举行"救亡漫画展览会"，展出作品一百六十余幅，这在四川美术史上是空前的。观众人山人海，这种面向群众的美术活动也是前所未有的。成都各报刊纷纷发表评介文章，赞誉此一壮举！

展览会闭幕后，为了进一步扩大抗日宣传，栉风沐雨，又到附近的温江、郫县、崇宁等地展出。各机关学校员工、学生结队参观，城镇住户，赶集农民，男女老少，更是川流不息，看得入迷，学生们在激动之余，竟自发担任解说员，由教师组队高唱救亡歌曲，不仅为展出增色，也使广大人民深受教育。

是年夏初，"全国漫画宣传队"在武汉成立，四川漫画社立即与他们取得联系，为他们出版的《抗战漫画》杂志，提供了社员创作的漫画稿件，如龚敬威的《日本皇军的王牌军》组画三幅，执笔的还有乐以钧、鲁少飞、张光宇等。后来，四川漫画社应"中苏文化协会"征求，选送了社员作品十余幅，在莫斯科举办的"国际反法西斯漫画展览会"上甚获好评。1938年底《华西日报》还写了新闻报道。殊知，爱国反被当局视为眼中钉，他们以四川漫画社没办"登记"手续为借口，勒令停止活动。

黄子谷与岷江大学及第三党

刘学超

黄子谷，四川华阳人，1918 年在成都外语专门学校读书时，参加国民党。后赴日本明治大学学习政治经济。1923 年回国后，曾主办重庆《四川日报》。1926 年冬由吴玉章、邓演达支持出任国民革命军第二十八军(军长邓锡侯)政治部主任。后因与邓政见不合，离开政治部，另与戴嘘伯、文光甫、旷继勋、董人宁、廖宗泽、李树衢等成立"黎明社"，与吴玉章联系继续活动。

1928 年，他为了安置一些志同道合的朋友，准备建立一个活动基地，便利用二哥黄隐(民国革命军第二十八军第二师师长)和自己的关系，向二十四军刘文辉部、二十八军邓锡侯部、二十九军田颂尧部的将领们筹募到一笔基金，即将燕鲁公所原美术专科学校和东胜街的储才中学接收过来，开办岷江大学。他自任校长，文光甫(后为吕一峰)任教务，戴嘘伯(后为冉庆之)任总务，周澄波、夏子立和一个姓王的军事教官任训育。储才中学改为岷江大学的附属中学，还在东胜街租地增建教室、办公室和学生宿舍，开办政治训练班，后又在燕鲁公所增办大学预科。

1928 年初，宋庆龄、何香凝、邓演达、谭平山、章伯钧等人在上海筹组中华革命党(后改称中国国民党临时行动委员会，一般人称之为第三党,是农工民主党前身)。黄子谷等得到消息后,立派周澄波前往联系,因而黄及吕一峰、文光甫被列为发起人。他们根据该党的宗旨,与周澄波、董人宁五人组成四川省委员会,推黄任主委,随即开始活动。继又由冉庆之、谭尼甫、戴新三等组成成都市委员会，冉任主委。并于1929年7月在春熙路锦华馆内创办《成都庸报》,由李守白任社长，董人宁任总编辑兼主笔。是年冬，第三党中央派孙靖华来成都参加省委会工作。

当时,国民党四川省指导委员会,由向传义任主委，委员中有拥蒋派、改组派和西山会议派。1929年向各县发展组织时,第三党利用改组派在会内代为提名,因得在遂宁、铜梁、德阳、崇庆、江津等县建立了组织。

此一时期,第三党中央分为两派。宋、何、谭接近共产党,主张扩大宣传,储备力量,黄、吕、周拥护这派。邓、章主张平民革命,侧重做工农工作。文、孙拥护邓、章的主张并组织小团体,积极准备农民暴动。周澄波坚决反对这种行动,并单独向第三党中央提出控告。

1930年4月,文、孙准备在灌县与汶川间的龙溪举行暴动。孙靖华的妻子戴晋霞由上海赶到成都,带来了邓演达给黄子谷的信,信中说孙的活动是党的决策，望给予支持。但戴到后三

天，孙突然自杀，原因不明，据戴说是因为周澄波的控告逼出来的。不两日周也被暗杀。

周澄波死后，文光甫、戴晋霞即去龙溪，与由任训育的王教官先行带去的部分学生同住在一座庙宇内。事为邓锡侯部的邓国璋旅查觉，当即派出军队将这批师生包围逮捕。

事隔三日，成都岷江大学即被邓、刘、田的三军联合办事处深夜派队包围予以查封，并勒令黄子谷、吕一峰离开四川。岷江大学遂告结束，第三党在四川的活动亦随之中断。这次反动当局在成都共查封了三家私立大学，除岷江大学外，还有民立大学及西南大学。

刘文辉“鱼电”风波

金振声

1929年冬，四川省主席，二十四军军长刘文辉电邀重庆《新社会日报》社长罗承烈来成都，特面嘱罗为他作秘密代表，搞拥汪反蒋活动。刘说：汪精卫已从法国回香港，正组织“改组派”，反对蒋介石，我们正好同他合作，必操胜算。罗却称他不是“改组派”，与汪也没联系，怎能代表？且汪之为人反复无常，宁汉合流，即其明证，已由假革命变成了反革命，拥汪反蒋，要慎加考虑！刘又说：你是为我个人作代表，这并不涉及党派问题，至于汪之为人，乃另一回事。但革命必须反蒋，如蒋不倒，就一切都无从说起，政治的实现要靠实力，凡是反蒋力量，都要联合，汪是国民党元老，有号召力，又有“改组派”做基础，跟他一道反蒋，作用之大，绝非你办报可比！罗终于折服，旋即衔命赴上海找“改组派”挂上钩，便去香港谒汪输诚。汪对刘来投效，极表欢迎，特以亲笔函致刘，交罗报命。罗返沪据情密电报刘后，刘竟以五百万元交罗再赴港赍汪，此后罗即留港联络。

1930 年 7 月 23 日，汪精卫去北平，即各方拉人，8 月 7 日，便正式召开“国民党中央扩大会议”，组织与南京对抗的国民政府。选阎锡山、汪精卫、冯玉祥、李宗仁、谢持等为国府委员，推阎锡山为国府主席。此时蒋、冯、阎中原大战打得正酣，刘文辉立即去找“诚学会”的胡子昂密商通电反蒋，两人不谋而合，胡即举荐川康边务处科长韩文畦拟就电文，措词激烈，要蒋下台。刘斟酌后，决然发出，时为 9 月 6 日，故称鱼电。汪得鱼电后，即加推刘为国府委员；并电促刘出兵讨蒋，其文有云：“今武汉至吴楚驻军尽撤，兄出师东下，目的固在破敌，实际不异接防。”汪刘一气，真不寻常。不料 9 月 18 日，张学良突然通电反对“扩大会议”，明确支持蒋介石，而中原大战，蒋介石已获全胜。冯、阎逃匿，汪窜香港，其余尽作鸟兽散。鱼电反蒋失败，刘的部队大哗，内部很紧张，甚至要枪毙胡子昂。刘即召开紧急

会议，向二十四军营以上军官讲话说："这件事情，大家对我一定意见很大，但这是很有根源的。1929年我曾经反对过蒋介石，今天的鱼电还是反对蒋介石。我有一二十万人，他要吃掉我不那么容易，如果我的部队要吃我，倒是吃得掉的。只要我们部队团结一致，谁也吃不掉我们。大家追问电报是谁搞的，那是胡子昂写的。但他一个人怎么能干这件事呢？他同阎锡山等没有关系，是我上他家里，同他商量，把他拉出来干的。这个通电就是这样发出去的，没有什么奇怪，你们不要责难胡子昂，要搞就搞我。我是一个汉子，敢作敢为，我是不怕蒋介石的。"刘这一席话，博得全场掌声，平息了一场风波。

抗战时期在西昌的一次涉外谈判

伍柳村

1947年夏，一夜零时，我突然接到电话，立即去"望远室"(原西昌行辕主任官邸)，只见"重庆行辕副主任兼西昌警备司令"贺国光、上海美军坟墓清理处中校参谋费歇尔和中国空军少校参谋朱某等十余人已在客厅坐定，气氛有些紧张。我刚入座，贺说："费歇尔中校此次带来委员长的信，要把黄草坪区长曹受天押解去南京审讯，明晨起飞，今晚邀约地方政府代表伍柳村主任秘书来是征询意见。”这时，费说：“盐边土司诸葛绍武告发曹受天于1944年将被迫降落在黄草坪的美机上三名空军卖给彝人当‘娃子’。经我三次调查都无结果，才决定将曹押南京去审讯。”我对此感到惊讶，当即代表西康省政府，将我方不能同意费等将曹以罪犯身份押解南京审讯的理由作了详细说明：第一，大战期间，并无美机在黄草坪迫降之事；只有1944年春，一架美机飞经黄草坪上空时发生故障，投下过一些笨重物品，继续飞至西昌小庙机场仓猝降落，机头陷入跑道约一米深，三名美军由于及时跑到机尾，安全无恙。前西昌“行辕主任”张笃伦曾设宴压惊。曹区长立即派人保护空投物，报请“行辕”运回了西昌。第二，中校已三次深入调查，也毫无线索，至今连所谓被卖美军名字也不知道。第三，我曾两次向中校谈明“土司”是封建遗制，同区、县长有利害冲突，诸葛绍武之言纯属诬告，决不可信。费又说：“蒋委员长的信，省政府能不执行吗？”向我施加压力，甚至以“死者家属不答应，引起反华示威，将影响美中友好关系”等语相威胁。经反复争辩，我建议：应先查清飞机残骸、美军名字、有何人证、物证；又与1944年在小庙机场失事的美机是否一回事，然后才能作出准确判断。费仍坚持说：“非把曹押解南京是得不到真相的。”在这种情况下，我只得说：

"曹是接受你的请求而来,在毫无事实、证据的情况下,把现任区长当罪犯押解去审讯,于法于理皆有不合,由此引起的严重后果,由谁承担责任?"我回头向贺说:"贺主任,曹是你叫来的,你对曹说只是暂时委屈一下,负责保障他的自由和安全。我就告辞了。"贺送我出来时,我说:"主任,对不起,我冒撞你了。"贺说:"不,就是要你这样说,我才好办。"我回家已凌晨四点。六点,望远室来电话说曹已留下了,我才入睡。果然下午曹来向我鞠躬致谢。两月后贺通知我,已经查明就是在小庙机场失事的那架飞机。

樊迪文上海铩羽记

左东枢

1930年9月,比利时工人党党魁、第二国际领袖、比国前首相兼外交大臣樊迪文,以游历考察为名,商请我国资助旅费,当由中央研究院出面邀请其来华"讲学"。29日,经日本抵达上海,10月1日在交通大学礼堂发表演说,词未过半,即被听众哄赶下台,铩羽而去。时我正就读于"左联"和"社联"所办的"现代学艺研究所",亲身参加了这次行动,略知经过。

是日上午,我和川籍同学邓迪人(永川人)、袁德彰(长寿人)三人同到学校。老师华汉(即阳翰笙)对大家说:今天暂不上课,下午到校集合。并将邓叫去,称有事研究。下午二时,我到学校,邓迪人即找到我和袁德彰,谓学校安排去交通大学听樊迪文讲演。于是三人同乘有轨电车直到徐家汇,进入交大礼堂,只见人头攒动,济济一堂,多为青年学生,约有五六百之众。我们就座后不久,即见身材魁梧、昂首挺胸、神气十足的樊迪文由蔡元培、李石曾等多人陪同登上讲坛。首由交大校长黎照寰致介绍词,对其称赞一番,表示欢迎之后,樊始起立,以法语演讲,题为《三民主义与社会主义》,由杨公达(四川长寿人、留学法国)教授翻译。樊首先声明此行纯系考察性质,绝非宣传主义。接着谈到第二国际与欧洲工人运动问题时,场内即有人起立,提出质询,大意是:你们自称社会主义是反对国家的,为什么你们又拥护帝国主义战争(按:指第一次世界大战)?你们自称工人党是代表工人阶级利益的,为什么你们在比利时执政以后,又镇压本国工人运动、屠杀工人?……樊当时瞠目结舌、面红耳赤,无言以对,惊惶失措。一时嘘声四起,全场轰动,前后左右,有人同时起立,举手高呼"我们不要工贼!""樊迪文滚回去!"等口号,并向空中抛撒传单,人群随之骚乱起来,纷纷拥出会场。经此一击,樊迪文狼狈不堪,只好偃旗息鼓,垂头丧气,缩短日程,匆匆离去。

老秀才抗诉戴季陶

邓穆卿

抗战初期，国民党政府考试院长戴季陶(传贤)，为避敌机轰炸，曾在成都吉祥街十三号购置住宅，题名百二梅花馆，常来居住。但成都仍非绝对安全，也间有空袭，这时他的外侄宋雨村、侄女婿叶佩琳等就劝他在广汉原籍修建住宅，俾得安静度日。戴听后同意，并嘱为勘定地点。几经选择，才在县城孔庙附近大连路左侧找到一处隙地，准备破土兴工。宅基广为七亩，拟修中式木质结构房舍多间，厅堂、书室、花园俱全，戴还亲拟宅名为"戴二礼堂"，取戴德、戴圣曾删定《礼记》之义，以夸耀先世光荣。

住宅开工后不久，就发生了一场风波。原来拆迁住户中，有前清秀才唐少卿其人，曾在辛丑年(1901)与戴同时参加县试，坚决拒绝搬迁。宋、叶两人多次催促，唐均置之不理。就仗势转请警察局出面干预，明定限期，逾期即强行拆除。老秀才生性倔强，仍不屈服，并向蒋介石写信抗诉，大意谓：国难当前，前方正浴血苦战，身居高位的考试院长戴季陶，却在故乡广汉修建宅第，逼令拆迁，使平民无家可归，请予制止。这信寄蒋介石后，蒋未加任何批语，只将原信转给戴季陶。戴见后异常不安,训斥宋、叶办事操切,嘱即停工。此后又在1939年1月,致信广汉县政府,愿将宅基连同建筑材料悉数捐赠地方,望能就地开办一所中学。县长孙某,曾拟定一项开办计划,据称每年需五百亩田租收入作为经常开支。戴对此未作答复,办学之议搁置,基地也未作别用。至于已建的房屋,则由戴的亲族陆续迁住。直到新中国成立后,雒城镇新建广汉第二中学,未完工的"戴二礼堂"并入作为新校址的一部。不管戴季陶当年是否真有捐赠办学的心愿,人们都认定这是最好的解决办法,也不会忘记敢于抗诉高官的老秀才。

吴君毅劝阻曾琦组党

汪　潜

1923年12月2日曾琦(字慕韩)在巴黎玫瑰村与李璜、何鲁之等川籍留学生组建中国国家主义青年团(1929年改称青年党)。组建前夕,曾琦曾与游学英伦、德国的北京政法大学教务长吴君毅先生晤谈并向之请教。吴为四川新繁人,是川籍留学界的前辈,比曾、李、何长二十余岁。吴先生劝告曾琦等人不要组党,指出:"中国搞革命,须有军队和地盘,你们一样都没得,成不了事的,不如从事教育,为桑梓培育人才为好。”曾琦听不入耳，反笑吴乃书生之见，虽研究政法之学，实际不懂政治。其实，曾虽留学法国研习政治，但非学者，而是热衷权势的政客。1946 年秋，吴先生邀我回四川大学任政治系讲师兼法学院院长室助理，公余闲谈曾谈及此事，故为记之。后见 1973 年台北传记文学出版社出版李璜《学钝室回忆录》上卷 179 页亦有记述，益证吴先生之言足资征信。

《自由画报》琐记

文天行

1945 年 10 月，《自由画报》在成都问世。从 10 日创刊到翌年 2 月 20 日终刊，共十七期。

画报发起人是翁耘圃、张漾兮、趣生、巴波等；还成立了董事会。董事有张澜(表方)、叶圣陶、甘鉴武、田一平、沈志远、李劼人、李相符、茅盾、柳亚子、马哲民、郭沫若、陈白尘等；张澜、叶圣陶曾任正、副董事长。

画报以争取民主自由为宗旨。每期报头下印着通栏醒目的黑体字：言论自由·信仰自由·不虞匮乏之自由·不虞恐惧之自由。《发刊词》前所未有，仅六个字："不自由毋宁死！"它以自己独特的艺术形式表现编者的政治追求、人生态度。线条简练，手法夸张，寓意深刻，讽刺社会上的丑恶、虚伪、腐朽。叶浅予、漾兮、趣生、江莘、何其非、王琦、张光宇、瘦石、余所亚等刊载了不少发人深省、艺术感染力强的漫画。叶浅予画一个年轻人在小屋昏暗的油灯下阅读有关“光明”的书籍，一黑衣者将其拉入装有电灯的牢房，两句凝炼的说明是：“你需要光明吗？这里有电灯。”漾兮每期都有新作，他在《山歌集》总题下每期刊出的诗配画，无论是从画还是从诗来看，乡土味甚浓。有一幅歌配画，满脸杀气的公公对善良老实的媳妇唱道：

> 媳妇子，你进来，听我公公细安排。我们家，年年败，怪我糊涂要独裁。从今后，调门改，民主家风树起来。凡事我不先主宰，大家商量大家裁。

另一幅画是村姑收拾好行装将远行，配歌曰：

> 天未落雨先起云，妹儿收拾要出门。
> 妹儿收拾哪里去？前方去找我的人。
> 你打日军理应该，为啥又打自己人？

这份有特色的画报十七期后就终刊了。四十年以后，巴波回忆说：“停刊原因主要是当时的报贩组织、国民党控制的‘派报工会’卖了报不给钱，就这样在经济上被扼杀。”

报国寺与济良所

彭伯通

重庆为绿营重庆镇驻地，有大、小两个较场,较场口和小较场,至今留作街名。小较场在城中苍坪街(今邹容路)、大阳沟(今八一路)、朝阳街与正阳街(今并)、大粱子(今新华路)之间,而报国寺是中心。

乾隆二年(1737)巴县周开历《重修报国寺碑记》:“报国寺之初建也,其时未详。康熙二十年八旗兵平逆,凯旋驻此,重葺之。”文中“逆”指吴三桂。清末在此设济良所,收容娼妓,听候从良。1927年重庆商埠督办公署在此建重庆妇女救济所，令云:“查本埠东水门外娼妓本属无告之穷民,只缘饥寒迫身,遂致不顾廉耻,牺牲人格,强饱皮囊。其行虽丑,其情可矜……建妇女救济所。……似此拯溺为怀,教养兼至,匪特以匡人心而维风化,而使谋生有术,行己有方,苦海慈航,诞登彼岸……。”1918年7月警察局改设妇女救济院,《巴县志·自治·慈善》:“收容贫苦妇女流为贱业者,或妇女犯案者,每月分班读书授以国语、常识、手工、烹饪、理发等科。”

1941年原报国寺被焚,抗日战争胜利后,川盐银行经理颜伯华购得此处地皮修建公馆。原

址今为重庆市电信局市话四分局。

抢印、夺印

廖铭吉

民国成立以后，中央政府政令不能完全贯彻于各省，四川尤甚。川省司法机关之人事行政，率由本省军政当局掌握。北伐后，国民政府成立初年，此种情形，亦无重大改变，因此发生成都地方法院为争夺院长纱帽而抢印夺印的闹剧。

1934年3月间，司法行政部派何其扬任四川高等法院院长、李治东任成都地方法院院长(何、李均湖北人)。当时四川高等法院院长龙灵(国桢)、成都地方法院院长张镜蓉(第春)，都是四川人，都是四川军政当局所支持和控制的，只不过名义上受中央的统属而已，这时派人来插手，当然要引起风潮。何其扬受到各方面的挡驾，知难而退，掉头就走了。而李治东的做官心愿，却断不下去，想尽方法奔走求情，施展种种应酬手段，都无结果，遂带跟从人员日日夜夜在法院内外探查情况。有一天，正值张镜蓉的监印书记官廖正书在办公室用印发文之际，李治东侦知，率领众人突然奔入，立即将那颗赛金铜的印信抢走。张镜蓉慌了手脚，向军方调来军队在

法院前后门实施警戒，制止李治东来院就职，一面借用同院检察处印信继续行使职权。李治东抢到印信正准备走马上任的时候，忽然警备司令部的军队来到他顺城街寓所进行搜查，将印信夺走，李治东还被抓去关押一夜，张镜蓉的院长乌纱帽就这样稳住了。

“全国医师节”缘起

凌受勋

20 世纪 40 年代中期，宜宾医师公会同人丁浩、赵儒渊等曾撰文，倡议以每年 11 月 12 日孙中山先生诞辰作为全国医师节（因中山先生曾作过医师），但稿件送至宜宾《戎州日报》、《金岷日报》及上海各报，均遭拒登，文呈立法院、行政院均未被置理。

1947 年国民党政府选举立法委员，医药界有胡定安、俞松筠竞选。胡、俞均系浙江人，为国民党 CC 派人物。胡、俞二人各出重金，四出拉票。当时宜宾医师公会有选票二十九张，胡、俞二人都想获得这批选票，先后派人来宜宾活动，并以请客、送礼以及介绍工作相诱。宜宾医师公会同人皆拒绝，只要求国民政府立法院能通过宜宾医师公会倡议的以孙中山先生诞辰作为全国医师节，由行政院通令公布，并将倡议书全文登载南京《中央日报》、上海《时事新报》上,以此作为支持竞选的交换条件,胡定安(时任江苏省医政学院院长)接受了这一条件。他如愿当选为立法委员,遂从中斡旋。1947 年 9 月国民政府立法院通过了此案,同年 10 月行政院公布,定孙中山先生诞辰 (每年 11 月 12 日) 为全国医师节。当时中央广播电台、《中央日报》、《申报》、《时事新报》也同时登载了宜宾医师公会的倡议书。当年 11 月 12 日宜宾医师公会举行大会,隆重庆祝全国医师节,到会的有各界代表百多人。宜宾各报载文记叙了大会情况和代表们的发言。南京、镇江、上海也于同日举行庆祝首届医师节活动。胡定安曾撰文在江苏日报上发表。1948 年 11 月 12 日宜宾医师公会又在宜宾县卫生院礼堂举行集会,庆祝第二届全国医师节,到会代表百余人。

抗战时四川航事

方　芳

抗日战争时期，四川在航空事业上有三件事可谓四川的全国第一。

一是：世界上惟一的木竹制飞机在成都制成。1937 年抗日战争爆发后,驻成都的国民政府空军有关研究部门的人员，用木头做成飞机骨架,用竹席代铝皮蒙在机身上,制成一架双座低单翼教练机,约重九百公斤。制成便在机场上空飞行一圈后安全降落,是迄今世界上惟一用木竹材料制成的飞机。

二是:中国第一个滑翔机场建成于北碚。1942 年 2 月 15 日,在北碚建成的滑翔机场举行落成典礼,这是中国的第一个滑翔机场。该机场由中国滑翔机总会主持修建。2 月 15 日,该总会常务理事陈立夫主持落成典礼。在此典礼上,捐献支援抗战的滑翔机十一架,即北碚民众捐献的“北碚号”一架,中国电影制片厂捐献的“中国电影号”十架。

三是:中国第一个跳伞塔在重庆竣工。由中国滑翔总会主持在重庆两路口修建的跳伞塔,于 1942 年 3 月底竣工,同年 4 月 4 日,由陈立夫主持举行落成典礼,鼓励青年开展跳伞运动,从而为训练从飞机上跳伞打下基础,以促进发展空军,巩固国防。

穆彰阿玩弄权术

杨正苞

鸦片战争丧权辱国,道光帝经此挫败,方知“天朝”徒具虚名,“西夷”船坚炮利,海防堪虞,意欲加以充实巩固。

在林则徐、邓廷桢、颜伯焘先后被革职后，道光帝深感守土良才缺乏，便想起了名将杨遇春之子杨国桢。其时任山西巡抚。在此之前，国桢“历雁门，渡桑干，经大同抵长城，纵观宋明战垒，闻英吉利欲借烧烟起衅，虑东南或有事变，益将诸营军用器械帐幕详细筹备，静俟调用”(见《崇庆县志·杨国桢传》)。国桢的战备措施，得到了道光帝的首肯，于道光二十一年十二月(1842年1月)，遂有闽浙总督之任。

但杨国桢的战备主张，却遭到了投降派权臣、户部尚书、文华殿大学士穆彰阿的反对。因而对国桢赴任多方阻挠，并谋从中获取私利，除一面向国桢索贿白银三十万两外，一面阴谋在道光帝前制造国桢难当此任的假象，以阻碍其就任。国桢既无此大量银两以填其欲壑，亦不知此项银两乃闽浙盐商对新任总督的贽见礼，更未虑及朝中权臣的诡谲险恶，道光二十二年正月(1843年2月)，国桢赴任到京陛见，例由穆彰阿引见。穆彰阿先奏拜毕，站立一旁，俟国桢拜毕起立时，用足尖踩住国桢袍角，致国桢略显趑趄。道光帝未察穆彰阿动作，因问何故？国桢未及回禀，穆彰阿即抢先上前奏道：“臣杨国桢足疾不便。”道光帝虑国桢足疾难当海防重任，因传谕：“且疗足疾，暂缓赴任。”于是改由怡良前往，此后闽浙沿海果多次受到英舰的袭击。国桢虽经历宦海多年，但对“御前”出现的此等事情也深感震惊，料已无可作为，遂亦趁此告病还

乡。以上一节系杨国桢向家人所吐露的免职经过。

杨国桢回乡后,除时与乡亲垂钓射猎外,还躬自督促修葺学舍号棚,校刊《十经音义》、《刘蕺山人年谱》等书,八年后始以疽疮逝世。所谓“国桢足疾不便”实乃穆彰阿为排斥主战力量,实现其投降卖国主张所施的阴谋诡计。新任闽浙总督杨国桢未能就任之谜,内幕原来如此。

刘鉴泉的治学、讲学及著述

刘东父

先叔师刘咸炘，字鉴泉，号宥斋，曾祖止唐公幼孙也。少从先伯仲韬公问学，先伯曰："六经皆史，亦即载道之文，必以此为本，但学文尤须求言之有物而气势风格始高，非徒尚绮靡浮华，无益于名教之作。"因授以《诗经》、《礼记》、《汉书》、《文选》，及韩柳文等令读之。

民国五年(1916)春，仲韬公在成都南门纯化街延庆寺办"尚友书塾"，命叔师理塾务兼代讲授。叔师仿书院制编制"治学纲要"，分经、史、小学、辞章四部教学，负笈来学者日众，余亦于此得奉讲席。

叔师治经，重微言大义，而鄙烦琐考证，尝谓“粤若稽古”，虽解至万言何益，此经生故弄玄虚欺世盗名耳。又告余等曰：“读史须先善入，始能善出。善入则摒弃主观，虚心探索、明辨是非真伪，善出则事实既具而论断公允。”常以中国史部可读者少，编年史惟《通鉴》较佳，其他史书率多整齐故事，眩目词采，且多失实，更不足以言史。断代史则惟《汉书》体例谨严，文词修洁，隐寓褒贬而委婉多讽，所谓“方以智”者，宜与太史公书“圆而神”者后先媲美，相得益彰。后世鄙儒至谓盗袭迁书，何其谬妄。此会稽章氏所谓“才、学、识得一不易，而兼之尤难，千古多文人而少良史，职是故也”。呜呼，叔师教诲之词犹铭心版，而余则永违謦欬，忽忽五十余稔，迄无所成，能不内疚于心耶。

叔师一生从事讲学著述，其所藏书籍，靡不朱墨点窜，批注无隙。著作中计已成书刊印作书塾教材而锓版发行者，共有《书原》、《学略》、《五论》、《左书、中书、右书》、《史学浅讲》、《文学述评》、《汉书知意》、《太史公书知意》、《子疏》、《简摩集》、《选文抄本五集》、《诗初学》(选诗抄本)、《长短言读》(选词抄本)、《道教征略》(稿本)、《推十斋书系年录》、《弄翰余沛》(稿本)若干种，拟合刻为若干卷，名曰《推十斋丛书》，尚未实现。其他手稿尚多，均存四川省图书馆资料库尚待整理。

叔师生于清光绪丙申年(1896)十一月二十九日,卒于民国壬申年(1932)八月九日,得年三十六岁。鼎盛春秋,哲人顿萎,天道其无知耶?人事之贻误耶? 吾不得而知也。

由“校歌”与“宣言”引来的争论

赖高翔

国立成都大学(1926年建校)校歌,相传为资中骆成骧所作,骆为清末状元。歌词内容是:“岷山峨峨开天府,江水泱泱流今古,聚精会神生大禹,近揆文教奋远武。桓桓熊罴起西土,悠悠鸣凤协东鲁。和人神,歌且舞,领袖群英吾与汝。”成大在当时为西南惟一综合大学,规模颇为宏备,经费亦较他校充足,学生多属少年气盛,俨然以“领袖群英”妄自尊大,已引起其他学校师生的不满,后在建校五周年纪念会时,又出一宣言,傲然以改善四川教育自命,更使其他学校师生不服,于是一场风波顿起。当时即由高师出面说,成都大学既无校地,又无校具,原是占用高师校地、校具,要求收回。一时鹤唳风声,势将用武。校长张澜,为此曾请教张铮,问此事该怎么办? 张铮说:因为成大学生太骄傲自满了,所以引起群情愤怒,应当再出一宣言表示歉意,以平群愤,自然可以消除这场争端。少年人的性

格本是不能一下回过头来的，因尊重张澜校长劝导，所以照这样做了。风波暂得平息。此后成大、高师之间，纠纷迭起，原因很多，但实际都与校歌无关了。

蒲伯英教国文

王鲁雨

1931年我在江北治平中学二年级十六班读书。某天上国文课，喜穿酱黄色锦缎团花长袍，套青花缎马褂的黄校长，领着一位身着长衫、短发、壮实的大个子走进教室。我们整齐地站起来。因吸大烟而瘦骨嶙峋的校长，漫声细气地向同学们介绍了客人：

“这位是蒲殿俊老师，学校特聘他来教你们的国文，要好好地听讲。现在你们，戴帽子的全摘下来，向蒲先生鞠躬。”蒲老师微微颔首答礼。礼毕，校长又说：“把摘下来的帽子都摆在自己书桌前面。”然后摇摆着身子走出课堂。

课本是清袁枚的《祭妹文》。蒲老师不苟言笑，声音也不洪亮，黑板字还不很熟练，态度倒随和，从忧郁的脸色看，他到此执教恐非出自心愿。他念了念课文，在教室内巡视几周就下课了。给同学们的印象很淡漠。第二次上课，讲到袁文的最后部分“江广河深，势难归葬”，蒲老师把眉一扬，提高嗓门评论道："'江广河深'，照理而论，正好行船，怎么反说'势难归葬'呢？这是不符情理的，这样不通、不讲道理的文章怎么学？学它干甚么？"蒲老师的高论，使我们这群莘莘学子默然点头称是。

原来这个蒲殿俊就是赫赫有名的革新人物、大书法家蒲伯英。我想起在校长住宅客厅看见过他写的大幅中堂，那真是风格独创，走墨不凡。据闻，要请蒲老师写如此之大的条幅，要给五十个大洋的润资，否则他是决不肯轻易动手挥毫的。

第三堂国文课，蒲老师没有来上。大家正引领而望之时，走进教室的却是黄校长。他告诉我们，蒲老师不再来了，说因同学不起立，不脱帽，缺乏礼节，教起来没点兴趣。他孤高自赏，连袁校都未放在眼里，吾侪蒙童自然更不在话下。

成都诗人节的风波

李华飞

1939年初，中华抗敌文艺协会总会诗歌组在重庆苍坪街(后名邹容路)安娥同志家开会，方殷建议将端午节改为诗人节，与会者袁勃、高长虹、厂民(即严辰)、臧云远、李华飞等十多人，一致赞成。后由老舍先生向总会提出，郭沫若先生促成。

首届诗人节大会于1940年召开。

到会者近千人,连于右任、潘公展、张道藩也应邀出席,于还在会上讲了话。郭沫若后来在题为《屈原的幸与不幸》一文中写道:“这一届算幸运地通过了,于是诗人节也就宣告成立。”

那时,各地文艺界每逢端午节多举行纪念活动。文协成都分会在1944年也拟于是日举行活动,但公开会场要租金,开会又得报警察局批准,有困难。陈翔鹤为此去找李华飞和邹荻帆研究,决定邹、李用私人名义下“茶会”请帖,在温祖庙街的虹垣别墅过端午节。

成都部分文艺界人士和五所大学师生约一百余人参加,节日气氛甚浓。邹荻帆主持座谈,著名演员秦怡即席朗诵《雷电颂》,她那甜润的嗓音,跌宕起伏,高亢低吟,使室内个个静谧谛听,热情沸涌,真如亲临一场雷电交加的黎明前奏!

秦怡在掌声中坐下,荻帆请金陵大学中文系主任陈觉玄(中凡)讲屈原生平,陈说因感冒不适,推荐该系教师孙某发言。孙某竟大放厥词,说屈原乃楚王“弄臣”,因与子兰争宠未得欢心而投江自尽。他对爱国诗人的诬蔑,顿时引起公愤,陈翔鹤、王冰洋、洪钟等立即予以反驳。孙某并不服气,还别有用心地写成文章交《中央日报》发表,以配合当时的“文化围剿”。后来《华西日报》、《华西晚报》行文指责;闻一多在昆明写文章批判;郭沫若在重庆发表论述驳斥。孙某的这种论调受到文艺界广泛的声讨，他才销声隐迹。

于右任创办新三中学

杨凝春

国民党元老、监察院长于右任先生之父于新三，于清朝光绪年间从陕西三原到川北岳池开设当铺，在岳池生活近二十年，与地方父老相处甚洽，结谊很深，视岳池为第二故乡。于右任先生《赠岳池朴园书藏》诗中："曾记先人话岳池，书香朴老梦来时。"反映了他父亲新三老人对岳池的特殊感情。

1938年被岳池极右势力排斥解聘的岳池中学教师詹正圣去重庆谋职，巧遇上海大学读书时的同学，时任监察院秘书科长李楚才，交谈中得知于右任先生准备办一所私立中学。詹便与李商定请于院长把校址选在岳池。第二天，詹、李一同拜会昔年上海大学校长于右任先生，向于陈说了这个意思。于先生听了欣然应允，并说："先父在岳池谋生近二十年，衣食全赖岳池，我辈应报水土养育之恩，办学培养教育她的子侄是我应尽之责。"后詹又代表县人向先生请示学校用先生尊翁的大号"新三"命名，以示纪念。先生起初不允，思索片刻后说："《大学·汤之盘铭》不是有‘苟日新，日日新，又日新！’一段吗？新三这个名字还是很有意思嘛。”先生出资三千五百元作办学经费，并亲至教育部备案，经先生资助奔走“岳池私立新三中学”很快筹备就绪，宣告成立，于右任先生出任董事长。

1939年7月“新三中学”正式招生开学。学校去信重庆请先生填写校歌。不久先生回信，谈了很多有关岳池风物的事，信中说：

> 听先父说岳池治北有凤山，山势险而峻，山景“翔凤朝阳”为岳池十景之首。吾考“翔凤朝阳”意同“凤鸣朝阳”，语出《诗经·大雅·卷阿》“凤凰鸣矣，于彼高岗；梧桐生矣，于彼朝阳”。岳池地方将学风兴盛，贤才辈出。诸同仁一定要竭尽全力把学校办好，培养出德才兼备于国于民有用之才。

新中国建立后学校更名“岳池县第一中学”。

充满爱国热情的《招生广告》前言

刘海声

刘长述，清末著名“戊戌六君子”之一刘光第的长子，幼随父学。父殉难后，受父执赵熙、乔树楠、周孝怀、胡玉岚等关怀，辗转南北，数易学校，刻苦读书，颇能继承父志。赵熙在《刘大夫传》中说："君子三，长鹏年，于文事绝精悍。"长述即鹏年字。

长述于1906年即参加同盟会，年仅十七岁。同年冬，响应同盟会发动群众，准备起义的号召，离开四川高等学堂回到富顺；翌年春，在家乡赵化镇主办"私立赵化镇半日学堂"。他为半日学堂拟定的宗旨是："启发民智，爱国爱乡，学习科学，锻炼身体，半日作工，半日读书，便利工农子弟。"并且自拟了一篇《告父老兄弟书》，张贴在《招生广告》之前。它的全文是：

> 敬告故乡父老兄弟：洋人侵凌我国，瓜分之祸日急，血气之伦，谁不痛愤！缅思救亡，惟有富国强兵。富强之基，首在振兴教育，开展民智，学科学，兴实业，练体魄，使我四万万人，人人有志有能，然后能上下一心，团结御侮。民智不开，心志不齐，实业不振，国我无关，亿兆涣散，是今日贫弱之原！国之不存，家于何有？奴虏之祸，谁能甘心！必具爱国之热诚，然后有视死如归之战士，然后有忠勤尽瘁之士大夫，然后能四民无荒，人效其谋，人尽其力，慑强寇于四邻，安兆庶于衽席，宁非盛事！爰集同人，兴办半日小学，挥发爱国热情，树立富强之基；昔日本维新，法报德仇，皆自小学教育始，愿我乡人子弟，踊跃就学，工读兼顾，便利殊

多，实深企望！

这篇《招生广告》的前言，洋溢着爱国主义精神，就是今天读来也很有现实的教育意义。后来的事实证明，刘长述把半日小学办得确实有声有色。这篇《告父老兄弟书》也就成了一份重要史料。

艰苦奋斗的王恩洋

丁秀君

王恩洋（1896—1964），南充集凤场人，一生热爱祖国。在南充中学读书时，适袁世凯投靠日本，卖国求荣，即和同学任筱庄作“亡国惨”告县人，以激励人们爱国热情。1919年去北京参加留法勤工俭学学法语。“五四”运动时，参加北京学生宣传队，被反动警察逮捕入狱，关四月才释出。

出狱后，考进北京大学哲学系旁听。梁漱溟先生见其勤勉苦读，便命他管理哲学系图书室，因读佛书，深感佛学博大精深，普渡有情，能互爱共享生趣，多方耐心教化，其中道德深意超出各科，因而虔心研究佛学。1921年便去南京支那内学院向欧阳竟无院长问学，欧阳院长见其学有根基，便留在学院作研究工作。半年，写成《唯识答疑》，又三年，写成《起信论料简》、《大乘非佛说辨》、《佛法根据》、《唯识通论》及《佛学概论》等。1925年，支那内学院法相大学部建成，即聘他在该部教佛学概论。1927年，因病回老家休养。

1930年，得福建泉州黄联科居士资助，在南充开办龟山书院，采用宋明儒者讲学典范，除讲授国家规定课程外，注重学生德育培养，使学生以爱国为先，不尚功利，不畏艰险，只要于国于人有利，便应奋勇从事，学生进步很快。

抗战初起时，龟山学生苏芸、陈修文、唐国庆等奔赴陕北参加革命，为国献身。

后因战事关系，黄居士经费来源断绝，乃应李仲叔和廖泽周先生之请去内江讲学，1942年在圣水寺办东方文教院。1946年由校董韩文畦、卢子鹤、但懋辛等议决，文教院迁成都罗家碾。1951年分别合并到川大和华大。

在内江及成都文教院时著有《杂集论疏》、《新理学评论》、《实有真空道了义论》、《孔子学案》等。1951年应川北行署教委会之请，著有《佛教概观》。

王先生一生布衣素食，安步当车，爱人以德，爱国见行，助人于困难，视学生如子女，孜孜钻研，无时稍停，值得学习，值得崇敬！

抗战时期重庆的第一次学潮

野　谷

1939年末，重庆联中请来宪兵排长向学生训话，排长提手枪上台，受到学生抗议。学校挂牌开除抗议此事的十九名代表后，学生又再度选出代表，赴重庆请愿。学校复将请愿代表开除，引起公愤。恰于此时，查出校长贪污，遂引起罢课闹学潮。联中的中共党支部趁此对国民党反动当局，在学校撤换有威望的校长，解聘进步教师，箝制抗日活动，开除进步学生等等特务统治进行还击。

中共川东特委领导人荣高棠听了联中请愿团中党员的详细汇报后，指示说：一个联中不可能动摇蒋介石的根本政策，一次学潮不可能把什么问题都解决。口号不宜过高，高了达不到，还要脱离群众，失去社会同情。要切实，经过努力可以达到。反对贪污、反对践踏青年学生，必能引起社会广大同情；一个联中力量有限，要借助社会力量。

其时，联中开校友会，学生代表登台声泪俱下地控诉现任校长种种劣迹，校友们听了无不愤激。校友中的社会名流，如罗承烈、陈铭德、胡克林等等，纷纷致电四川省教育厅抗议。曾任联中教师的胡子昂致教育厅的电文中有“奈何以逆臆之辞，锻炼之语，加诸青年学生”。语气甚为锐利。

1940年1月31日，重庆《新华日报》发表题为《重庆联中学潮与抗战教育》的社论，写道：“这是教育的耻辱，学生们的不幸……校长贪污，教员怠职的这事例确已是够我们，尤其是教育当局警醒。……我们不能不正告教育当局，不要有辱教育使命——培植抗战建国的人才。……”

在强大的社会压力下，教育厅派出督学来渝调解，这次不是提手枪，而是先向请愿团的学生大讲忠恕之道，然后，提出几点办法：一、收回成命，开除的五十几名学生一律回校；二、校长贪污，据实查办；三、撤换校长，暂不离校。这一条请愿团不想接受。其中地下党员，根据荣高棠“适可而止”的劝告，做了工作，结束学潮。

骆宾基、丰村、郭亮在丰都被捕前后

杜兴佐

1944年8月，作家骆宾基和丰村(冯维典)经朱芳淮介绍，由重庆来丰都私立适存女子中学任语文教师。同时,抗敌演剧队第六队歌唱指挥郭亮(杜巴)亦经朱芳道、陈沫潮介绍,由万县至适存女中任音乐教师。丰村住在校内,骆宾基和郭亮住在校外靠江边的一个停办的医院里,三人常在丰村房中研究革命活动。丰村先在可靠的学生中组织了一个秘密的读书会,并公开出版壁报。郭亮开展了歌咏及话剧演出,所选革命歌曲,一部分来自解放区。骆宾基讲授革命文艺并指导诗歌朗诵,他特意从重庆邀请了青年诗人徐歌来帮助组织排练,并朗诵了他的一首揭露国民党抓壮丁的诗,很有激情。

校中一英语教员系国民党军统特务,专事窥探进步师生活动,常以检查英语作业为名看骆宾基、丰村批改的作文。当时抗日战争已接近胜利,国民党却在学校中推行"知识青年从军运动",高二年级学生蔡素珍为逃避家庭包办婚姻,打算从军,又不知扩充青年军的真实意图,犹豫不决,便在作文中描述了她内心的苦闷。骆宾基同丰村、郭亮研究后,加了一段寓意含蓄的批语:"让这颗种子埋在地下吧,等春天到来,花开了,鸟叫了,这颗种子自然会发芽的!"蔡得到启示,打消了从军念头。但作文及批语亦被英语教员骗去,送到国民党卫戍司令部丰都稽查所。

当时《丰都日报》社记者夏舒雁在稽查所见到了作文和批语,立即到校告知骆、丰,提醒小心。英语教员平日凭着特务身份盛气凌人,现更蓄意挑衅,吃饭时紧挨骆坐,不断以恶语相伤,

骆一时气极,打了他几耳光。时已期末,骆等决定不待放假,立即转移,于翌日清晨由校工挑行李送至江边乘船去重庆。殊知英语教员彻夜监视三人行动,骆等刚离学校,即飞报稽查所,派特务追至码头,无理逮捕了三人,分别关押。

送行李的校工见骆等被捕，立即回校告知与骆接近的学生。一位家住重庆南岸的同学假称母亲病重,请假探亲。于当天搭船赶至重庆中华路文协告知王亚平，经郭沫若急告八路军办事处，邵力子也向他的学生丰都县长张一之函保三人。第二天《新华日报》即将此事登报揭露,随之《民主报》亦予转载,重庆各界纷纷抗议。时美国特使正在重庆调解国共两党矛盾，并正考察国民党的司法行政，对这一不法事件亦表不满。蒋介石迫于各方压力,不得不下令释放骆等三人。释放的办法是由县长张一之出面,“批评”骆宾基不善处世,以掩盖这一场法西斯行为。然后才由地方士绅林梅荪取保放出。过年后,林梅荪托船上朋友保护送至重庆。

蜀人之幽默讽刺(一)

蠹 鱼

蜀人幽默、善讽刺，常见诸联语，尤多见于反映近现代史上若干政治事件之有关联语。

1908 年，光绪、慈禧相继“驾崩”，所谓两重“国丧”，成都官府令老百姓家家贴挽联。有一联云：“洒几滴普通泪；死两个特别人。”后被官府察觉，斥为大不敬，罚贴联户大洋五块。不久，该户又贴一联曰：“熬几个酸字眼；罚几块大洋钱。”

1911 年(辛亥)，端方以侍郎衔为川汉、粤汉铁路督办大臣。四川保路运动兴起，端由湖北率新军一标入川镇压，至重庆，设行营于挨近水东门之江南会馆。数日后，有人用其名作嵌字联贴于站岗之大门。联曰："端要死在江南馆；方好抬出水东门。"

端后在资中被起义新军处死。

1946年1月10日至31日，旧政协在重庆举行，会议中，中国共产党团结了民主力量，孤立了国民党反动势力，使会议通过了关于政府组织、国民大会、和平建国纲领、军事问题和宪法草案等五项协议。但不久即为蒋介石撕毁，并悍然挑起内战，对解放区发动全面进攻。蒋管区内经济崩溃，物价飞涨，陷人民于水深火热之中。在重庆流传着一副质问当局的对联：

> 制宪刚月满，政治待澄清，看市场物价，加后再涨，涨后再加，愈加愈涨，愈涨愈加，试问涨上何种程度？加上何种程度？小公务员叫苦连天，我真不解；胜利已年余，和平难实现，观国内形势，谈了又打，打了又谈，边谈边打，边打边谈，究竟谈到什么时候？打到什么时候？众老百姓流离失所，谁与担心。

而成都的两副短联，可谓言简意赅：

> 民国卅五年，该盼到太平新世界；彭祖八百岁，没吃过这么贵东西！

> 只说胜利好，不料胜利还得打；莫唱太平歌，谁知太平几时来？

蜀人之幽默讽刺(二)

蠹　鱼

蜀人之幽默讽刺，亦见于政治诗中。

1925 年，杨森在四川发起了牵动双方各军兵力约三十多万，纵横两千余里，历时六七个月的“统一之战”，失败后，杨由王仲明陪送，自江安乘轮东下，只身出川。时有诗嘲之云：“十万雄师出简阳，一王战败一王降，一王送出夔关外，回首巫山泪两行。”三王，指其部将王兆奎、王缵绪、王仲明也。

1929 年刘湘于“下东之战”后，控制了自重庆以下直到巫山以达宜昌的川内扬子江下段，随即着手建立水军，先将一艘商轮加装钢板，前后安置炮位，取名“嵯峨”，又在上海订造两艘浅水炮艇，一名“长江”，一名“巴渝”，组成“川江舰队”壮大内战实力。但这种“军舰”，实际不甚中用，故有人以打油诗挖苦曰：“好个巴渝大兵船，由渝开万才七天。一切设备都齐整，外有纤藤两大圈。若非拉滩打倒退，几乎盖过柏木船，布告沿江船夫子，浪沉兵船要赔钱！”可谓谑而虐也。据说刘湘闻之，哭笑不得。

1931 年，四川军阀强行合并三大(国立成都大学，国立成都师范大学，公立四川大学)为新四川大学，用武力赶走反对强行合并之成大护校学生。事值“九一八”事变国难声中，时成都报上登载七绝一首：“噩耗传来举国惊，日军侵占沈阳城；蜀师百万将何用？开到成大吓学生。”意虽讥讽，却义正辞严。

蔡锷雪山关题联

王子壮

雪山关位于川南古蔺县边境，海拔1800余米。山不算太高，也非终年积雪，只以地势险要，过去是川滇黔三省交通锁钥，有“南来第一雄关”之称，军事必争之地。据说1916年，蔡锷将军率护国军北上讨袁时，从云南经黔西的毕节南关，夜渡赤水河，行军三十里爬上此山，其时天色已放亮，蔡立马回首南眺，但见烟波渺渺，黔岭西横，感慨之余，下马立关口题联一副而去，后由人书刻于关门小庙石柱上云云。1949年冬，余适夜过此关入川，惜时以夜色迷茫，车轮逐逐，未及下去探视此对联仍否存在，常以为憾。近年偶于报刊上见袁光和文章，引有蔡氏此联云：

是南来第一雄关，只有天在上头，许壮士生还，将军夜渡；作西蜀千年屏障，会当秋登绝顶，看滇池月小，黔岭云低。

袁文末注，联文系摘自1979年《宜宾文艺》一期。果尔，蔡氏题联不失为护国军史一文献，其将永为雪山关增色，爰记录以飨读者。

讽世画

慧海

梁代钟嵘《诗品序》云："气之动物，物之感人，故摇荡性情，形诸舞咏。"文人有感于中，见景抒情，不仅"形诸舞咏"，即文人疾邪愤世之作也。明人笔记载，明太祖时，有人在南京城墙上画一大脚妇人，怀抱大西瓜，喻以"淮西妇人好大脚"，明讽马皇后之脚大，暗刺朱元璋之暴政，此即古讽世画。近世蜀中文人张善孖、赵熙也有讽世画问世。

张善孖，名泽，内江人。因素爱画虎，自号虎痴。其画多以"虎痴"、"蜀人虎痴"落款，并钤以小印"一钱不值，万金不卖"，以赋其志。1930年，他寓居上海时，曾画十二幅老虎，配以《西厢记》词句，命名为《十二金钗图》。如侧面正上山之虎，题为"怎当他临去秋波那一转"；虎伏山坡上，题为"羞答答不肯把头抬"；松林中睁着大眼之虎，题为"蓦然见五百年风流孽冤"；登山白虎，题为"可喜庞儿浅淡妆，穿一套缟素衣裳"；登壁之虎，则题为"咳，怎不肯回过脸儿来！"极富情趣。此图画好后，即由其弟张季爰(大千)转请曾农髯题跋。曾先闻图名，疑为仕女图，婉辞，后知为虎，乃欣然命笔。曾农髯《张善孖小传》有云："髯居上海之三岁，季爰居门下。一日，揣善孖所为'金钗图'乞题。髯曰：向不喜为闺阁绮丽之辞。季曰虎耳。大惊展示，果十二虎，踞者、立者、渴饮者、怒者、媚者，极数变态，皆异想天开。嗟乎！善孖其善以画讽世者欤！"盖善孖画群虎以喻坏人当政，讽刺"苛政猛于虎"的黑暗社会，抒发当时人民愤懑的心声，故曾农髯称之为"善以画讽世者"。

赵熙，字尧生，号香宋，荣县人。晚清进士，曾官翰林院纂修，江西道监察御史。他精于诗文，早年就负诗名，于三唐两宋无不兼收并蓄，对四川军阀及国民党反动统治，颇多讽刺。字体秀逸挺拔，篆隶行楷都深见功力。兼擅画艺，初画山水，后渐及花卉禽虫人物，着墨不多，以简妙取神，但极少作，也不易求，纯以自娱。抗战期间，国民党"四大家族"擅权，祸国殃民，赵熙曾戏作《财翁看山图》，画一大腹便便之老者，矮胖，着西服，戴礼帽，帽檐微斜，口衔雪茄，大气盘桓，拄杖望山。并题一绝句云："世上人人敬此翁，衔烟拄杖夕阳中，可怜一片青山里，多少诗人拜下风。"使人一看便知其画系讽"四大家族"中以善于聚敛著名之"孔财神"。可见赵熙亦"善以画讽世者"。

王世杰鉴别罗家伦藏画

金绍先

1944年以后，我在新疆工作，当时罗家伦先生任新疆监察使，他曾盛赞王世杰(雪艇)收藏丰富，鉴别精深。后悉罗氏藏“清元济自写种松图”，石涛倚石坐于松下，卷后有戴本孝跋云：“寧种天上榆，寧栽海上桑，何必种松山之阳？……”罗氏再题云：“王雪艇先生精鉴赏，观察常入微，而记忆尤强。一日语我：以此卷戴本孝题句中之二寧字，下有缺笔，写作‘寍’，乃避清宣宗道光名。而戴在清初为遗民，不应有此。匆促间余无以解答，后以语庄慕陵(严)先生。慕陵曰：此卷得毋在道光朝后重付装池时，裱工曾动手术乎？余与展卷审视，此两‘寧’字，脚下均见手术痕，于是释然。此亦鉴赏中之趣事也。”

郭沫若为陈真如嵌对下联

张肩重

1938年2月，经朋友吕奎文(时任汉口中国电影厂秘书) 介绍参加国民政府军委政治部第三厅的筹备工作。

一日，去汉口太和街二十六号郭沫若家中汇报近期工作。进门见郭沫若正伏案写字，就坐在一边静候。不久，李济深（任潮）、陈真如（铭枢）、黄琪翔等说着进来，见郭沫若在写字没去打扰，也坐在一边闲聊。陈真如突然想起了什么，插断了谈话，他对郭说："沫若兄，有一事相求，有朋友用梵文嵌了'真'字替我作了上联，可没有下联。你是善对嵌字联的，请你也用梵文嵌上'如'字作下联，怎样？"郭沫若没有抬头边写边笑，说："大清早的，就来考老师。"说完，郭沫若似乎感到有些兴趣，他缓慢地放笔，转过身来笑着对陈说："我已多年未涉猎梵文，手边又无参考材料，怎样给你嵌对联呢？"李、黄应声道："何必过谦，真如快把上联说出来，沫若兄一定能对上。"于是陈真如先生神气地说出了上联："真有人言，谁为真宰。"并说："每句都嵌有一个真字，请沫若兄作下联。"郭沫若略加沉思说："我倒想起了两句，'如是我佛，斯即如来'。这也是梵文，每句都有'如'字，不知合用否？"众人无不拍手称善。陈真如急曰："老师天才也。俗话说，一事不烦二主，还请沫若兄给我写成一副对联。"

黄炎培遂宁题联

白兆渝

黄炎培住重庆时，于1938—1941年间，常取道川北往返于成渝两地，途程两日，中宿遂宁即住我处（时我任四川省银行遂宁行经理），每次必询问遂地种棉织布情况，拟在该县创办职业教育。一次到遂时早，约同访问棉农、机房，借作考察。返渝后，特写一联赠我。联文是：

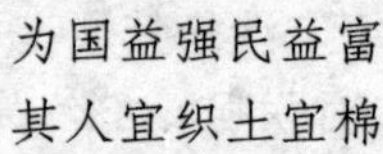

为国益强民益富

其人宜织土宜棉

黄炎培随时随处都为国为民着想，遂宁是四川棉布生产地之一，故作如上对联。

吴芳吉谈诗

赖高翔

吴芳吉（1896—1932），字碧柳，号白屋，四川江津县人。有《白屋吴生诗稿》，代表作《婉容词》曾蜚声于我国现代诗坛。吴先生曾想改变旧诗，创造新诗体，但因为他沉浸于旧诗很深，故所写新诗仍多用旧诗词汇。他写诗不避俗字俗谚，但亦不像现代的新诗，有些摹仿翻译文学，体裁总不和现代诗歌相合，反近于古乐府一类。他所写的诗，气势磅礴，情感奔放。一般人多称道他的《婉容词》。婉容也确有其人，但不是吴先生诗中所写的人，据叙永的友人说，叙永确有一座坟，碑上刻的“婉容之墓”。或者吴借作诗题，张冠李戴，也不必去考证它了。

吴先生尝慨叹中国没有史诗，他曾计划作一首二万六千字的长诗，计分三部：第一部以昆仑为背景，写轩辕黄帝，叙述中国民族文化的起源；第二部以泰山为背景，写孔子；第三部以广东为背景，写孙中山。可惜他三十六岁就死了，未能完成这伟大计划。

他对中国的诗人最推崇屈原、陶潜、杜甫、丘逢甲四位。他说，许多人可能不赞成丘逢甲和屈原、陶潜、杜甫相提并论，但我取的是他的爱国精神。

吴先生授课时，也同他所作诗一样，洋溢着无限的感情，常联系他走过的地方风土人情融合在诗里来讲，很受同学欢迎。但常不为老一辈教师所认可，他说，向仙乔先生说他“勇于为诗，是武秀才”。因为他不循旧的形式，既不为旧诗家所取，又不与新诗人同流，其实也正是自创一家的风格。他对于旧诗家的批评见解，也还是择善而从。他赞美金和的长诗、王壬秋的《独行谣》、樊樊山的《彩云曲》，这些都是于时事有关的名篇，可见先生的好尚和志趣。

吴先生说，古今咏海诗以曹孟德的"水何澹澹，山岛竦峙"写得最好。古人的诗有名篇而无名句，后世的诗只讲某句好，或某字用得好，所以诗就愈趋愈下了。这些话虽然前人也说过，但先生说来倍觉亲切。先生的《白屋吴生诗稿》，长篇大都泥沙并下，短篇却有好些工整的。至于性情深厚，才气横溢，近代人却少有能与之匹敌的。这样的人竟未活到四十，真是十分可惜。

陈毅游黄山诗

薛彦夫

近看电视亚运会专题，电视台插播了黄山风采第二辑，播音员在解说悬岩上的石刻："立马空东海，登高望太平"这十个巨大显眼的大字时说，这十个字将来说不定会被吉尼斯大全收录列入世界东方石刻之最。使我联想到陈毅游黄山时即席赋的一首诗，并为之未能刻石传世而惋惜。

南京沦陷后，川军第二十三集团军所属第五十、二十一军的六个师转移至皖南山区背靠九华山，沿长江南岸布防。新四军军部驻石埭。陈毅任新四军第一支队长驻乔木湾。五十军军部驻青阳。军长郭勋(勋祺、翼之)早年在成都便和陈毅友好。1938 年秋、冬，郭经常邀请陈到五十军，向营、团、旅长们讲抗战形势，“树立必胜心”。两军交往甚为亲密，郭常以豆花便饭迎宾，其炊事员手艺高超，用黄豆、花生米五比一磨豆浆味道更鲜美，颇受新四军将领赞赏。

有一次青阳县商会会长及地方士绅陈浩如等请新四军和五十军首长们游黄山。先在温泉“朱砂泉”洗澡，中午在“天都文物社”便宴。陈毅即席赋诗一首，郭叫我记录，该诗我至今仍记忆犹新。其诗云：

九华峰高势凌云，巴山旧雨喜登临。

并肩抗倭同敌忾，挥戈指日收南京。

郭沫若谈石刻遗札

赵彤地山

芦山县城郊有一具东汉时期的王晖石棺，上面所刻五幅浮雕极有艺术价值，现为四川省文物重点保护单位。这具石棺是四川大学教授任乃强在抗日战争时期发现并考证的。

石棺右侧的浮雕，初看像一只张牙舞爪的老虎，但具有渊博历史知识的任乃强认为它并非老虎，而是螭(chī)，是古代传说中没有角的龙；左侧的浮雕叫做虬(qiú)，是古代传说中有角小龙。他在1943年还专门写了一篇文章论述此事。

在20世纪40年代的大后方，任乃强已属

名家。他从学农起家，兼攻川康藏史地，历时二十余载。《康导月刊》称他“足迹之广泛，见解之澄澈，搜集之丰富，考订之精博，并受近时学人称道，讲学川康两省，从受业者万人以上”。鉴于当时学术界有不同看法，他就这个问题向郭沫若求教。郭沫若当即回信说：“王晖石棺右侧浮雕，据尊说乃螭，然如马叙平氏，则以为虎。友人所赠拓片，独此图缺佚。就尊文中插图辨之，头颇似虎，惟身躯细长而有节，则殊与虎不类，似不知尚有他种特征，足以证明其为螭而非虎者否。说为虎之根据，因后为玄武，左为虎，仅缺前之朱雀也。”任乃强接信后，认为“郭先生此函，全是虚心求证态度”，因而“竟至可感，当曾信手具复，略举龙类之特征”。

现在文物界都肯定任乃强的观点，这两位学术名人互相尊重，切磋问题的平等态度和求实精神迄今仍令人感动。

重庆街名歌

彭伯通

重庆曾流传一个歌谣，以一至十字头街名组成：“一走一字城，二走二郎庙，三走三圣殿，四走四方街，五走五福宫，六走六楞碑，七走七星岗，八走八蜡庙，九走九尺坎，十走十八梯。”

其中四方街、七星岗、九尺坎、十八梯今存。

一字城在通远门打枪坝城垣边,见清末《增广重庆地舆全图》。二郎庙街在沧白路至千斯门间,1950年改新城门街。三圣殿,以庙名街,在储奇门十字经玉带街上大梁子坡上,抗战中修建凯旋路消失。四方街是由太平门入城到鱼市口府、县署的通道。五福宫为道观,在通远门西侧,今金汤街小学。五福宫街在观前,抗战中并入金汤街。六楞碑为六角形石碑,在演武厅街(后并入磁器街)转中营街角上,修马路拆除。七星岗街在莲花池将军坟侧。八蜡庙在陕西街近曹家巷口西侧坡上,20世纪20年代八蜡庙巷因建屋堵废。九尺坎北与沧白路,南与民族路平行。十八梯由较场口南下金紫南纪门一带。

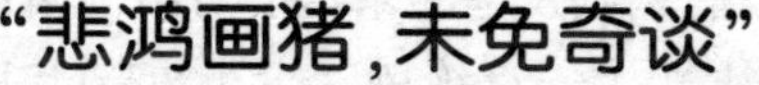

“悲鸿画猪,未免奇谈”

屈义林

1934年深冬,我在南京中央大学艺术科西画组刚刚毕业,为了我所主编的《中国日报——图画周刊》,向悲鸿师求一幅新年创作,我鼓着勇气到傅后岗“危巢”鸿师家中。我向鸿师说:“明年是乙亥猪年,我想求老师给《图画周刊》画一幅猪,行吗?”鸿师微笑着,他眯着双眼的鱼尾纹特别显著了,迟疑一下便说:“我很少画猪!好吧，我给你画。”于是，他从画柜内取出裁好的约二尺长的条幅高丽皮纸，又从笔筒中取出两枝一大一小的画笔，揭开了盛着宿墨的砚台，并说“宿墨画墨猪，正好”，他对着铺开的纸面凝思片刻，便动笔作画。

鸿师用大笔淡墨、细笔勾划，接着在头部后面用大笔泼墨，随笔皴擦，画成了一个对面走来的黑猪，活生生地容光焕发地出现在纸上了！鸿师画完后，把笔一放，似乎自问，又似乎问我：“题点什么呢？”我还未及回答时，鸿师便在画上写了八个字：“悲鸿画猪，未免奇谈。”随即他又署款：“乙亥岁始，悲鸿写”并钤了一个圆形“徐”字印章。从作画到题字的时间，全部不过半小时。

事后不久，我在鸿师家中看见了他作的第二幅墨猪，构图及笔墨基本上与第一幅近似，只是在右上题了一首绝诗：“少小也曾锥刺股，不徒白手走江湖。乞灵无术张皇甚，沐浴薰香画墨猪。”

鸿师的第三幅猪，是在 1943 年春正月自贵阳归重庆时画的。一张泼墨云山的立幅，靠底边近景的浓荫路上，有两个苦力用滑竿抬着一支大肥猪。猪是黑白花猪，四脚朝天，稳睡在滑竿上。画的上边，鸿师题了两句耐人寻味的诗：“两支人扛一位猪，猪来自白云深处。”署款是“卅二年春正月悲鸿筑游归写”。其实，诗中讽刺的现象，在许多风景区经常看见。

上述悲鸿先生所作的第二幅猪和第三幅猪，均保存在北京“徐悲鸿纪念馆”里，并刊印在《徐悲鸿彩墨画》集中。给我画的第一幅墨猪，则随着我珍藏的百余幅书画散失了！虽然散失，但是，鸿师为我作画的深情，鸿师当面显示的精彩技法，却永远在我的记忆中。

曼生壶与东阁砚

李奇梁

曼生壶，1949 年 11 月，购自成都商业场寄卖行。壶身刻有“曼生”、“玉乳延年”六字；壶底刻有篆印“阿曼陀室”；壶手把下钤有“彭年”小印。其形如小帽，盖上装一红色文石珠为顶，系以银链。辞书言：“陈鸿寿，清钱塘人，字子恭，号曼生。嘉庆拔贡，工诗文，精古隶篆刻，兼善六法，山水、花卉、兰竹，靡不精妙。宰宜兴时，命匠人创砂壶，式样精巧，并自制铭镌句，艺林珍之，称为曼生壶。”

东阁砚，1961 年秋，购自成都春熙路古玩商店。其形如瓦，大不过掌，额上刻汉隶铭语：“石渠阁覆以瓦肖其刑为砚也”（“刑”与“形”古通）。砚背正中刻铁线篆文“东阁”二字，砚盒制作极精美。可异者是：砚之两面四周全被墨锈所封，其色如漆，水洗不褪。乃以木炭磨之至净，然后

文采毕露，五色斑斓，望之如一片锈铁，细察之则金星、罗纹、蛛丝，皆隐隐可辨；池中宿水处尚有一指纹形，恰似箕斗。就石质而论，当为歙砚之上品。宋无名氏《歙砚说》称："龙尾石多产于水中，故极温润；性本坚密，扣之其声清越，婉若玉振；色多苍黑，亦有青碧者。"此砚之色属于后者可证。

1963年某日，我曾携壶与砚，随曾圣言先生往西城向杨啸谷先生求教。二老皆嗜古，啸老尤以精鉴著称于时。此壶一经审视，啸老便判为真品无疑。其言曰："壶上不仅在明处有曼生题字、印记，而且在暗处尚有专为曼生制壶之名匠杨彭年印记，方得称为真品；否则制作虽精良，亦属赝品。"我闻而惊，始于壶手把下发现"彭年"二字，以往则未察觉。

次及砚，啸老持玩反复，惊曰："此宋高宗御砚也。其制作、题刻均出自内廷高手；石质则为龙尾坑之绝品。高宗有'睿思东阁'印章可证。"为此圣老赠我长歌一首，以志其事(惜所书长诗横幅今已不存)。句首云："高宗移跸开南宋，内廷乃有石供奉。妙质天生龙尾坑，压倒端溪水龟洞。……"末云："短李买得人皆羡，人间何处有此砚？"圣老另赠一联曰："墨磨东阁砚；茶饮曼生壶。"惜我幸也。

陈彦衡的一首诗

张善熙

陈彦衡是京剧界著名琴师。素有“胡琴圣手”之称。他是我的远房舅公。“一二八”沪战后，他受成渝京剧界人士邀请来四川，住成都陕西街一个小独院内。我父亲曾带我去拜见他。据父亲告诉我，舅公虽以琴师著名于世，但他兴趣广泛，对诗、文、书、画造诣亦深。当时他因住房简陋，由感冒引发了气管炎和胃病，有时卧床不起。曾写过一首诗给我父亲，父亲写来裱挂在墙上。我随时看到吟诵，现虽过去五十余年，原件已失，但我还略能记忆。其中一段记录如次：

成都从来少飘雪，地系平原气潮湿。
一夜冻龙带雪飞，翠竹滴落巴蕉折。
……
我今来此病百日，咳嗽流涎涕垂鼻。
窗隙壁洞地穴鼠，四方风动眠不得。
坐拥铁衾风烈烈，鸦声呀呀纸窗白。

陈明仁将军题字红岩山

颜　林

红岩山，位于叙永县城东北十公里处，三十六峰，拔地而起，直插云天，层峦叠翠，山如刀削斧砍，峰峰棱角分明，各具雄姿。山腰祖师殿右侧，一块形如睡狮的巨石之上镌刻着“填海补天”四个笔力遒劲的大字及跋文，游人至此，无不驻足观赏。这四个大字乃陈明仁将军在抗日时期所题。

陈明仁，字子良（1903—1974），湖南醴陵人。1941年，陈明仁将军率陆军第二预备师入川，驻节川南门户叙永县城。这年中秋佳节，陈明仁将军偕乡老和部下数人游叙永第一山——红岩山。登临山巅，举目四顾，峰峦起伏，奇秀峻美，林木苍莽，葱茏蓊郁，溪流如练，瀑布飞泻，满目秀色。而此刻国家危亡，日本侵略军的铁蹄蹂躏祖国大地，抗日前线战火纷飞，硝烟弥漫，敌占区人民陷于水深火热之中。陈明仁将军感慨万千，怀着对国家民族命运的强烈关注，挥毫题写“填海补天”四个大字及跋文，并命人勒石。其跋文云：

> 率偏师频年，与暴日相周旋，苦战恶斗，屡寒敌胆。要之丑虏未歼，恨海难填。神

州沦后，荒天谁补？何时鲁阳金戈，挥退残余酷日，一朝田单火力，收回七十齐城，愿此心期必偿而后已。今夏旋师入川，驻节永宁（注：叙永古称永宁），剿匪暇馀，偕二三君子揽胜红岩，千寻赤壁之下，怪石巍峨，峻峭玲珑，显灵著异。噫！是岂精卫所衔者欤？是殆娲皇所炼者欤？渺渺予怀，不禁感慨系之，爰题四字，藉抒胸臆，且将证验来兹云。民国卅年中秋，子良陈明仁并跋。

陈明仁将军壮志难酬，痛心于祖国的危亡，民族气节和抗倭豪情溢于言表。

星移斗转，物变时迁。如今数十年过去，陈明仁将军所题“填海补天”四个大字仍深深铭刻在红岩山巨石之上，熠熠生辉。

羌笛声中

李华飞

抗战后期我路经雅都山寨，投宿于一个羌族老葛巴(老大爷)家，好客的主人用羊肉、咂酒盛情款待。正当酒酣耳热之际，忽然传来细小、柔和、悠扬而婉转的笛声，这便是久已闻名的羌笛声。随其音调的起伏，把我的思绪带到了一个遥远的年代——

羌族：《说文·羊部》释为“西戎牧羊人也”，是我国西北最古老的民族。以党项羌为主体的民族曾建立过“西夏”政权，后因战争失利、民族压迫，一部分流离迁徙四川岷江一带至茂汶山区，故他们的歌曲与器乐总流露“悲怨”的韵律。

羌笛是双簧管竖笛，长约20厘米，很早以前是用羊腿骨做的，后改用竹。西汉为四孔，东汉为五孔。

我被老葛巴的儿子吹的羌笛迷住了。这笛声把我带入王之涣《凉州词》“羌笛何须怨杨柳”和范仲淹《渔家傲》“羌管悠悠霜满地，人不寐，将军白发征夫泪”的悲凉情景之中。

老葛巴见我陶醉于他儿子的笛音里，吸了两口咂酒，兴奋地喊声“长娃”。从侧门跳出个精干的小伙子，他乘势夺过那支羌笛，双手的指头在孔上猛然翻飞，从开始低沉的音调逐渐变为高亢，从缓如溪水转换成大江洪流；甚至情不自禁地两脚跳动，身子前仰后合，眼望远方。那种磅礴的气势，激动得我不自觉地站了起来。长娃低声在我耳边说道：“这是我们羌族追击敌人的进军号角！”我噙着眼泪鼓掌。笛声戛然而止，我忙把咂酒坛端起送到老葛巴面前：“请饮吧，三口凯旋酒！”

“乌拉娃”的悲欢

舒国藩

过去，藏地交通闭塞，没有公路，依赖“乌拉”运输。“乌拉”原为突厥语，后为藏族所引用。

“乌拉”的含义是“徭役”，即无偿承担劳役的意思。担任“乌拉”运输的马(牛)，叫“乌拉马(牛)”。随马(牛)护运的女人，叫“乌拉娃”。1945年《康导月刊》曾发表一首《乌拉叹》，描述“乌拉娃”的苦状。词曰：

寒女年十五，含羞役官府。金莲双裸赤，跋涉荆棘苦。肩背袋糇粮，饥时果腹肚。腰悬雪水囊，渴时润津吐。为客牵绳缰，不知路短长。凌厉山崖险，迂回深涧傍。脚板起蚕茧，吞声自悲伤。父早死徭役，老母病在床。有兄未娶嫂，当兵戍西康。徭赋不停断，惟奴一身当。年年朝与夕，憔悴忙劳役。来往输百货，叱咤赶路急。夜眠偎牛边，早起日未出。送货又送人，新官要就职。忽闻显要到，差务加倍逼。人马同疲累，那能得喘息？穷奴难活命，掩面暗饮泣。

“乌拉娃”在高压之下，也曾协同其他劳苦藏民，共同作过反压迫的斗争。当时曾流传着反映这种斗争的民歌：

起来呀！赶走草原上的豺狼。起来呀！赶走衙门里的“奔波”(官僚)。把它们赶走了，人民才有吉祥。

可惜，由于在政治上没有坚定的正确的领导，这种反压迫的斗争没有取得胜利。直至中华人民共和国成立后，藏区相继解放，在中国共产党的领导下，通过民主改革，才彻底废除了极端野蛮、极端残酷的“乌拉”制度，使“乌拉娃”摆脱

了延续一千五百年的沉重枷锁。“乌拉娃”破涕为笑了,化悲为欢了。有一首民歌足以表达“乌拉娃”的喜悦心情:

喜马拉雅山再高也有顶啊,雅鲁藏布江再长也有源啊;我“乌拉娃”再苦也有边,中国共产党来了苦变甜。

傈僳婚礼掠影

巴　城

傈僳族有悠久的历史,全国约有四十多万人,绝大部分住川滇两省,四川德昌县的南山、金沙、宽裕等乡聚居有五六千人。《新唐书·南蛮传》中的栗蛮,就是指傈僳族的先民。他们由于近亲结婚,受血缘关系影响了身材成长的高度。抗战时,西昌技专的几位老师去作社会调查,我随之进行采访,真巧正逢一户人家的儿子结婚,屋前屋后都是客人,有的吹芦笙,有的摔跤,有的对歌,充满非常热闹的节日气氛。

新娘到婆家第一件事就是拜堂、敬祖先——丝勒神:双扇门背后插两株青棡桠枝,左边称男祖,右边称女祖,桠枝周围用柳条和竹篾编成栅栏,它可保宅驱邪,降福免灾。在新人拜敬祖先时,瓦拉琶(男方媒人)、模呷呷淑(女方媒人)开始对歌。

模(女)唱：

娘家婆家、两家合一家|娘屋、婆屋、两屋合一屋|阿妈阿婆、阿公阿岳|全是生身亲父母|都属丝勒神好后代|神要免灾降寿福。

瓦(男)唱：

金筷银筷并成一双|金花银花结成一朵|荣华富贵到白头|饥荒年月不分路|向丝勒神诚心祈祷|像两缕麻线拧成一股。

然后，新娘新郎由伴娘伴郎陪着，站在谷草编的席子上，面前放一个罗兜，新郎父母先丢银元(或票子)，丢后，从新郎前走过站在一旁，接着亲朋好友向罗兜丢钱，依次走过新娘新郎前站在一边。这些“喜钱”全部属新人所得。瓦拉琶与模呷呷淑齐声合唱：

银元、铜元、铜钱|父母恩德重如山|不分手背和脚板|都是爹妈肉心肝|亲朋长辈厚礼重|弟兄姊妹情绵绵|从此再不怕邪魔|有钱叫他团团转。

新娘新郎接受“喜钱”后进行“取新名”，由瓦拉琶来取，并当场向参加婚礼的宾客们宣布，新名从此算法定名字，以后概用新名，婚前的“乳名”为“牛、狗、娃”等等就不能再用了。女的多用花、草、鸟、乐器为名；男的多以山川、树木、蔬菜为名，如阿蒲(瓜果)、开台(村庄)等。

取新名礼节在瓦、模合唱声中结束，婚礼完成后，盛大的“盖热支切”(一心舞、联合舞、团结舞)就开始了!

吴镐与重庆第一次教案

彭伯通

清咸丰八年(1858)法国天主教会凭借《天津条约》,得清廷允准,改建重庆城内崇因寺为教堂,动工修建。寺据城中心制高点,拱手让人,激起民众愤怒,形成爱国运动。同治二年(1863)正月,群众齐集该寺谴责教会侵略行径,并往蹇家桥(今五四路)捣毁天主教真原堂,次日又继续捣毁教民店铺房屋。成都将军崇实、四川总督刘秉章奏派川东道吴镐查办。吴镐与法国教会交涉,坚持此地高峻不可转让。法主教范若瑟感到清廷可侮而重庆人民不可侮,同意让出此寺,由中国赔偿银二十万两结案。

吴镐字伯荫,江苏武进人,军功出身,同治元年为川东道,有政声。处理教案不畏强暴,敢于与外国人据理力争。而对群众爱国行为不加镇压,凭平时威信劝导,阻止事态扩大,特别是事后引咎自劾,降二级,请勿究治百姓,深得民心。奏调云南简授迤南道,后调迤东道加布政使衔,未拜病卒。川东人民对他一直怀念,丧过川东,群众哀泣,沿途设祭。

汉藏教理院缘起

李武刚

1930年秋，由上海到重庆的太虚法师得知刘湘有派僧人入藏学佛，以沟通汉藏交流，为今后逐步将康、藏纳入自己的控制之下打下基础的打算后，便向刘湘建议："派僧入藏留学，不如在四川办一所藏文学院，培训汉僧，再派入藏。同时西藏活佛喇嘛来川，也有一讲习接待之处，沟通汉藏文化，联络汉藏民族感情，实为两全其美的好事。"刘湘采取了他的建议，派川江航务管理处处长兼重庆市公安局长何北衡等在北碚缙云寺筹建汉藏教理院。1932年秋正式开学。刘湘任该院名誉院长，太虚任院长，何北衡任院护。潘文华、潘昌猷、王缵绪等数十位川中军政大员组成院董事会，刘文辉任名誉董事长。

汉藏教理院开办的宗旨，在该院给四川省政府和刘湘的呈文中讲得十分明确，是"为了沟通汉藏文化，团结汉藏精神，巩固西陲边防，保全中国领土"。该院自开办以来，先后有西藏的土登喇嘛、喜饶嘉错、安东格西等一大批藏传佛教学者来院讲学，平时来院参观的藏族活佛喇嘛更是人数甚众。郭沫若曾应邀在该院作过《燃起佛教革命烽火》的演讲。学院先后派有十余名师生入藏学习，为沟通汉藏文化，增进民族团结，巩固祖国边疆等方面做出了有益的贡献。

四川佛门葬俗

清　禾

四川汉族僧尼圆寂后，大都实行火葬，佛教谓之“荼毗”。荼毗有一套完整的宗教仪式。

首先为死者剃须发，洗净遗体，谓“浴亡”。换上新的或干净的僧装，即“著衣”。第三日将死者入龛（棺木），移至法堂，举行锁龛佛事毕即锁龛盖。再是哀悼、奠祭的佛事活动。一般都要将遗体停留七日，在此期间，早晚集众绕灵念佛，以资往生。如炎暑天气，遗体易腐，则将其移至焚化窑内（专为焚化亡僧所建），以待七日期满再予焚化。

其次为起龛：从寺内将龛抬至山门，举行“转龛”佛事，供香花茶汤。由住持率众念佛鸣钹相送，击大鼓三响，以示出殡。

再次为举火：举火仪式，由素有修持的高僧大德主持，先烧香奠茶，举行法事，再由主持的高僧持“拂”对亡僧说法，宣说无常苦空妙偈，其意为帮助亡僧解脱而证入菩提圣境。次为秉炬（又称下火），由主持僧取一小木点火，付之荼毗。

最后为收骨：亦称捡灵骨。由专人守护火场，待火熄窑冷后，将骨片捡入事先预备好的骨灰坛内。通过安骨佛事，送入集中安放亡僧骨灰的普同塔内。寺庙的住持及著名高僧大德的骨灰，专门另建骨塔安葬。有的亡僧焚化后遗留有黑、白、黄等色彩光润的坚固子，僧家称之为“舍利子”，多作为镇寺之宝。

另外，也有一些寺庙在葬俗上不完全如此，仪式上有增减，甚至完全按照地方风俗举行葬仪，简繁程度也大不一样。

“和尚警察”与“和尚兵”

李清禾

历史上的少林寺武僧确实有过，但和尚当警察和当兵，恐怕只有民国时期的四川才有。

据峨眉山的老僧人讲，在民国初年，峨眉山的治安秩序是由寺庙请附近的乡丁帮助维护，却常受当地豪强及保甲敲诈勒索，引起僧众的不满。1935年，由极乐寺长老恒久法师发起，成立了“峨眉山僧警队”，代替乡丁保护寺庙财产，维持全山安全。此举受到刘文辉的三姨太大力支持，赠予僧警队枪械弹药。僧警队由五十余名青年和尚组成，先着灰色短僧装，后改穿黄色军装，不佩徽志。这些“和尚警察”吃苦耐劳，认真负责，使峨眉山治安大为好转。但由于和尚们荷枪实弹身着戎装，亦引起了一些非议，不久就解散了。

无独有偶，由当代高僧太虚法师在北碚创办的汉藏教理院，为四川第一所高等佛学教育学府。该院为配合抗战，举办了防护训练班，对学僧进行救护、防护训练。学僧们身穿圆领黄色军装，戴军帽，胸挂佩章。由北碚峡防局派员担任军事教官，训练十分艰苦紧张。训练结束后，全体学僧戎装整齐地列队到北泉和北碚场参观时，引来许多百姓围观，他们对这些从未见过的"和尚兵"感到异常新奇。

清代四川昆曲源流

张学君

昆曲或曰昆腔，原为江苏地方剧种，大约在清初南北各省移民大量迁川时即已传入四川。由于昆腔唱词骈俪典雅，内容多取材于乐府、杂剧，以檀板合拍，丝竹伴奏，抑扬顿挫，悠扬婉转，在社会上有一定影响，尤为士大夫阶层欣赏，尊为雅部。如乾隆时，四川著名文学家李调元自置小梨园一部，“因就家僮数人，教之歌舞。每逢出游山水，即携之同游。”小梨园主要演唱昆腔杂剧，吴县邹在中侨居成都，善昆曲，调元即延聘到家请他教授昆腔。每逢冬季，调元即

"围炉课曲,听教师演昆腔杂折以为消遣"。小梨园还排演过《红梅传奇》、《十五贯》等优秀杂剧。

昆曲有着别的声腔无法取代的优点，因而在四川戏曲艺术中仍有较高地位,"梨园共尚吴音",在文化素质较高的人中,更有特殊的魅力。道光间,成都剧部昆曲最盛,士大夫闲暇"多为丝竹之会"。成都著名昆曲演员曲玉凤,被公认为"昆部旦色第一"。她唱腔优美动听,声情并茂,其侄女年十三,能度曲,擅长表演古典杂剧,演出《绣襦记》、《浣纱记》、《紫钗记》等名剧时,声腔曲折韵逗、引吭转声,高唱低吟,清柔无比,闻者叹绝。著名昆曲乐师崔荆南,善解音律,演奏昆曲箫笛，极富特色，少年时已列名词林曲苑,顾影自喜,踌躇满志。成都每开曲会,无小崔之笛不乐。此外,昆曲乐师中,还有擅长击鼓的蒋八。他的精湛鼓点，给观众留下了美好的印象。

当时的曲会,大多在官宦贵胄官邸、私室举行,谓之堂会。每次演出,大府首县毕集,幕僚清客如云，江南籍官员往往携带眷属赴会。女眷中,不少人熟悉声乐,演出时,还跻身乐队,敲击檀槽、丁宁,或吹奏箫管,场面十分热烈。咸丰间,昆曲暂告衰歇。

同治六年(1867),两江总督吴棠调任四川总督。吴棠通解音律,尤精昆曲。在江淮任上时,就招致昆班，教习技艺，常令举办大型曲会演出。来川任职后,在苏州招募昆班名伶十余人来成都，名其班曰“舒颐”。每日午后公事毕，即招舒颐班入署演剧，在署内习静园与二三幕友吹笛度曲。迨吴棠光绪初死后，舒颐班在官民中已渐有知音，每逢冠盖云集，必招之献技。由于食住均有常资，直至民国改元后，舒颐班诸伶始告星散。

川剧舞台上的吴佩孚

巴　城

“七七”抗战爆发，大片国土沦陷。日军在南方扶持汪精卫，在北方意欲收买吴佩孚组织傀儡政府，后因吴佩孚对日军的威胁利诱，拒不接受，改王揖唐、王克敏粉墨登场。消息传至大后方，人民群众对吴佩孚的爱国抗日精神，有口皆碑，备加赞扬。在“有钱出钱，有力出力”的全民持久抗战的号召之下，川剧界为了唤起民众，共赴国难，编写成《爱国将军》时装戏于悦来剧场上演。

这则新闻刊登在1940年1月19日第4号《成都剧报》第一版上，标题是“抗敌川剧《爱国将军》在悦来上演”，文曰：

> 华兴街悦来戏院，为成都最老的川剧园子，堪与北平之广和楼相伯仲，川剧名角多在其中演过。现该园后台由三庆会主持，

拥有名角萧楷成、贾培之、琼莲芳、周企何等，阵容至为出色，允称川剧正宗。去年(1939)萧楷成排上下本《姑苏台》，极得本市新旧戏剧界人士之赞许。顷闻，该台特请中隐楼君编《爱国将军》一剧，内容描写孚威将军吴佩孚生前种种爱国事实，并暴露汪精卫、王揖唐等叛逆之种种丑行，颇为感人。该园现正抓紧排练，以贾培之饰吴佩孚，周企何饰汪精卫，陈素文饰王揖唐，最近即可公演云。

当时我正在新都县工作，曾在宝光寺主持无穷大和尚的客室，看到吴佩孚写的一幅中堂：笔酣墨浓、气势雄壮的"虎"字。据无穷和尚说，吴佩孚被北伐军打败逃来四川依附四川军阀时，曾住宝光寺研究佛学，留下了这张纪念品。见戏报后又复去宝光寺欣赏吴佩孚所题那个虎字，并告无穷，吴大帅要上川剧舞台了，他合十称庆。我随后赶上成都看戏，观众慕吴名气，购票者踊跃。贾培之乃早负盛名的川剧生角，以"沙喉咙"著称，经他艺术加工后之吴佩孚，在拒绝日军任职一场，表情和唱腔都塑造出一个正义凛然的爱国形象，赢得不少掌声。名丑周企何、陈素文虽然把汪精卫、王揖唐丑化得过火了一些，大概由于人们憎恨那种汉奸无耻的心理状态所致，效果极佳，笑声迭起……

"吴佩孚"、"汪精卫"、"王揖唐"等在成都同台演出，使川剧史别开生面。

成都首演《保卫卢沟桥》盛况

文天行

1937年7月7日，卢沟桥事变爆发。中旬，上海戏剧界同仁章泯、尤竞、夏衍等十六人集体赶作了大型抗战话剧《保卫卢沟桥》。这个剧本迅速传到成都，蓉城戏剧界为积极配合抗战，很快组织了一百人以上的队伍排练。

8月31日，该剧由四川抗敌后援会话剧宣传团在大光明电影院正式化妆预演。为让成都更多的市民看到这个剧。正式演出的票分区发送：9月1日为西区，2日为南区，3日为东区，4日为北区，5日为市各机关学校，6日为市各法团，7日为告别公演。

演出前成都各报大造了舆论，撰文者颇多，而且热情洋溢，将民族存亡与话剧演出结合起来阐释，着力激励民众的抗战热情。《新新新闻》出了公演特刊，发表了聂绀弩、金丁、洛人、征农等的短论，从多方面论述了演出之重要。

演出时观众十分踊跃。9月1日下雨，至少城公园大光明电影院看演出的有三四千人，许多是无票观众。剧团多方设法，场中已无隙地，还是不能满足要求。2日观众更多，场子爆满，人还在潮涌。无奈，演出者只好紧闭双扉。按计划，

《保卫卢沟桥》只演七天，但根本不行，观众一再要求延长，最后满足了他们的要求。演员的热情也很高，有的因劳累兴奋而昏厥，但好转后都不愿休息就立即走上舞台。

《保卫卢沟桥》在成都的演出获得了成功。董仲篪在《战时救亡文学的重要》一文中反映了这样的情形："本市所演之《保卫卢沟桥》一剧，其感动人心之深刻，无以复加，民心一经激发，一旦需其出力，即愿抛弃妻室，荷上枪弹，到前线杀敌，不惜牺牲。"

四川金钱板由来

屈小强

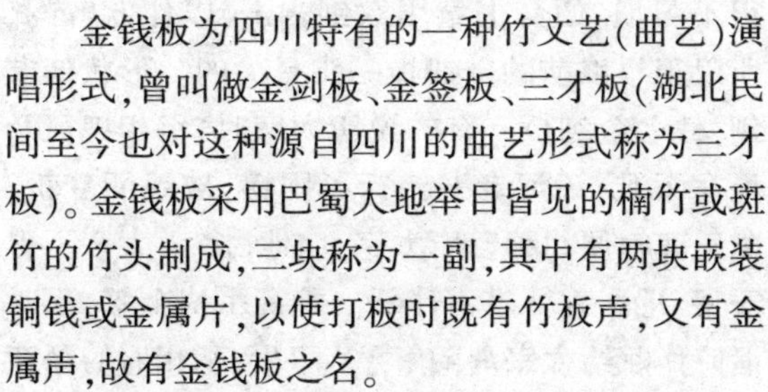

金钱板为四川特有的一种竹文艺(曲艺)演唱形式，曾叫做金剑板、金签板、三才板(湖北民间至今也对这种源自四川的曲艺形式称为三才板)。金钱板采用巴蜀大地举目皆见的楠竹或斑竹的竹头制成，三块称为一副，其中有两块嵌装铜钱或金属片，以使打板时既有竹板声，又有金属声，故有金钱板之名。

金钱板一般为单人演唱，唱腔则采用《红衲袄》、《江头桂》等川剧高腔曲牌。近现代有名的金钱板艺术家如川东刘宝三、川南杨永昌、川西董仲良、川北吴云峰、成都邹忠新等还兼长"荷叶”(四川曲艺的一种)唱腔;张兴武、张相如、叶青山等为表现唱词里的打斗场面，还引进了某些武术拳脚功夫。这便使得四川金钱板近百年中名声大噪,并流行到贵州、湖北,成为川、黔、鄂城乡人民一种喜闻乐见的竹文艺“轻骑兵”。

金钱板的根源深植于乡野闾巷，唱词的口语化、方言化和内容的通俗性、传奇性是其显著特色。其曲目内容包括民间故事,说部演义以及社会新闻。旧社会的金钱板艺人们不仅以此伸张正义,惩恶扬善,而且还积极介入重大的社会斗争和政治运动。

关于金钱板的流行，一般认为是在清乾隆年间(1736—1795),川剧高腔传开以后的事;那么,迄今为止也有一两百年的历史了。然而在曲艺艺人口中,则还有各种不同的传说。有的说是战国时代孟尝君弃武学文之初，对于伏案读书很不习惯,便命书童用双剑相击,以伴歌解闷。所以很早以前的金钱板一头是尖的，形状似宝剑,故名金剑板。有的说唐太宗时,丞相魏征乃星宿下凡,泾河老龙错行了雨露,被魏征梦斩。龙王魂魄便纠缠着唐太宗,向他讨命。太宗不得安寝,遂召魏征进宫伴驾。魏征手执金签,不时讴诗作赋给太宗消闷解愁。事后,丞相府的琴童也学打金签,因之流传开来,称做金签板。还有的说是《水浒》中的浪子燕青下梁山办事,途中没有了路费,便临时使用三块竹板边打边唱,筹措盘川。这三块竹板被认为是配合天、地、人三才,所以就叫三才板。上述故事,把金钱板的历史上溯至宋代以远,虽不足为凭,但却体现出民间对这种贴近劳动人民的传统艺术的喜爱尊重之情。尤其是关于三块竹板配天、地、人三才的传说,更是巴蜀民间集自然界的竹、神格化的竹和人格化的竹于一体的竹崇拜观念的一种反映。

锦城、锦里、锦官城

陶元甘

锦城、锦里、锦官城这些成都的别名，都因“锦官”而得。《汉书·地理志》只说成都县有“工官”，按晋人李膺《益州记》所说，是蜀汉时才设“锦官”，他说：“锦城在益州南笮桥东，流江(锦江)南岸，昔蜀时故锦官处也，号锦里，城墉犹在。”常璩的《华阳国志》，郦道元的《水经注》均和《益州记》相同。蜀的正式国号叫汉，所以此城又被称为汉锦官城。“锦官”的“官”不是官员，而是包括人员、房屋、墙垣等项，即是说按西汉传下来的体制是指“机关”。蜀汉时“锦官”二字是法定名称，唐宋人著作说叫锦官城是不正确的。因此，我们可以说：锦城、锦里这两个同时出现的名词都是蜀汉时“锦官”的别名。唐代此二者又成为整个成都的别名。“日照锦城头，朝光散花楼”(李白)，“锦城丝管日纷纷”、“锦里先生乌角巾”(杜甫)等都可为证。

五代时后蜀主孟昶在城上遍种芙蓉，花开时很像蜀锦上所织成的花纹。孟昶看了很高兴，向身边的人说：“自古以蜀为锦城，今日观之，真锦城也。”于是“锦城”二字又有新的涵义。孟昶又用芙蓉花汁染缯为帐，名芙蓉帐。不过当时并未将成都叫做“蓉城”，孟昶花蕊夫人徐氏《宫词》有“锦城上起凝烟阁”的诗句。其实，将芙蓉盛开的成都叫做锦城更富有文学味。

洪雅县宋明石刻

伍仕谦

芶王寨在洪雅县八面山中，距城40华里。今属将军乡摹石村。此地山深林密，泉水清澈，当地人称古佛崖。在半山腰间，有一天然的石廊，长800余米，最高处约15米，最低处约50厘米。据方志及清代有关文献记载，每逢有兵祸，群众多携家在此避难。从崖下置木梯上下，崖下可种植作物。崖上有摹岩石刻多面：明代摹岩造像四龛，石刻文字14处，最早为南宋建炎三年题记。

这些石刻可以澄清一些历史问题，很有价值。南宋时，元兵屡次入侵四川。据《宋史》载："宋理宗绍定三年(1230)，鞑靼兵入蜀，诏诸州守臣，严守备，兵退，曲赦四川军民。""端平三年(1236)鞑靼兵入普州、顺庆、潼川，破成都府，掠眉州，五十四州俱陷破。"根据八面山苟王寨一面嘉熙二年的石刻"西蜀不幸，连年被鞑贼所扰"证明：宋理宗嘉熙二年(1238)，洪雅人民，还在逃入深山避祸，可见元兵此时并未退出川西境。是时孟珙为四川宣抚使，创竹林书院，以处四川流寓之士。淳祐三年(1243)宋命余玠宣慰蜀，时蜀已残破。由此看来，元兵从1230年至1243年间，都在四川境内。人民避兵山林，正说明四川人民饱受元兵侵扰的痛苦。明末张献忠入蜀，成都官绅也有很多人逃洪雅山中避难(见沈荀蔚《蜀难述略》)，后来许多记载称"张献忠、刘文秀屠杀四川人，靡有孑遗"。现在我们根据明代的几处摹崖，如嘉靖庚申冬十一月初二日吉旦由夏崑山刊刻的一方，上面刻有伍氏、龚氏、柳氏、杨氏等。目前这几姓人，在洪雅当地族大人多。更奇怪的是伍氏的排行，如伍大某，伍万某，伍仕某，和现在伍氏所沿用的排行完全一样。可以证明今天洪雅的伍、龚、柳、杨各姓人的祖先，都是明代的土著，这些人并没有被张献忠、刘文秀杀完。可见屠蜀之说，很不可靠。这些宋明石刻是文物，可以作历史的见证，

其可贵之处即在于此。

成都春熙路的由来

朱君昌

1924年杨森藉吴佩孚之力，任四川军务督理，进驻成都，声威所及，归附甚众。但军需浩繁，入不敷出，军需处人员向杨献策说："官公学庙产可开财源，按察司衙门占地不少，民国以来，废置已久，附近又是商场区域，若能修一条马路，毫不费力就可以得全部地皮售出，此不仅可获得一笔巨款，同时又赢得发展市政建设的美名。"杨森大喜，采纳了这个建议，饬令马路督办王缵绪详为规划。这是开了侵占官公学庙产的先例。新马路规划为东南西北四段，十字交叉中辟一街心花园，初步测量计划，要与劝业场(商业场)对直，直通走马街，就必须将总府街馥记药房拆除。该药房老板系法国领事馆翻译郑永馥(字少卿)，他虽是中国人，实际已卖身投靠外国人，仗恃洋人撑腰，不同意拆。杨森虽横蛮，吓跑了五老七贤（徐子休先生曾请杨森免修马路跪过一只足)，但不敢得罪洋人。正在为难，事为凤祥银楼老板俞凤岗获悉，他对上海哈同修路发家羡慕已久，而郑少卿放弃天赐良机，便毅然去见杨森，表示愿为督理效力，将凤祥银楼拆

为路口,俾能迅速施工,杨森喜出望外,对俞凤岗慰勉有加,并表示今后如有任何要求,必定全力支持。俞即向杨要求新马路两侧公产地皮,他有优先承购权,以弥补其损失,杨森当然答应。协议达成,立即施工,不分昼夜将庞大的按察司衙门拆为空地,动员民工之大,前所未有。当时有一个名刘师亮的文人做一副对联,文云:

民房已拆尽,问将军何时可"滚"?
马路也锤平,请督理早日开"车"!

杨森获悉,下令抓人,刘师亮只好逃走。1925年成都市商会改选,俞凤岗乃请杨森支持,一拍即合,在督理的支持下,俞凤岗即当选为成都市商会会长。马路建成,杨森乃请一位前清举人双流江子愚老先生命名。江深经世故,练达人情,取名"春熙路",是美化杨森吹捧督理之意。此时俞凤岗真是时来运转,特别得到杨督理的垂青,他的权力愈大,更助长了他想实现"哈同梦"的野心,因此他敢于将春熙路南北两段膏腴之地,悉数承购,成立树业公司经营其事,修建了单双铺面九十六间,俨然成为成都市的地产大王,俞本人则以全力经营其春熙路铺房的租佃。

荣县大佛寺

王 筑

石凿佛像中最大的四川乐山大佛是中外闻名的，而乐山以东一百公里的荣县金身大佛却鲜为省外所知。其实荣县大佛亦有其优异之处，保护得也较好。

荣县大佛位于城东半里许的东山真如崖，宋僧淳德开凿于1085年(宋神宗元丰八年)，成于1092年(宋哲宗元祐七年)，凡八载。它高36米。以大佛像为中心，就唐开化寺遗址，建有大佛寺。

据笔者青少年时所见，高与山齐的佛像全身穿金。从山半的佛脚起，架殿阁三层，高齐佛颈。佛头上空砌有圆拱罩顶。这样的设计，起到了防御风化之功能。

真如崖靠上近大佛左肩处，崖半横出，据传是魏晋间高士孙登的啸台遗址，谓孙曾来此隐居傲啸。当然，啸台遗宅早已不存了。1163年(宋隆兴元年)荣州太守李焘曾书啸隐两字刻石壁，后来也已漫灭。但这里却题咏不绝。1915年(民国四年)，著名古典诗词家赵熙登啸台，读宋代题诗，并感袁世凯称帝事，赋诗一首云："废台文献久无征，宋代题诗屋几层。冷眼看穿司马氏，

山中一笑即孙登。”其后并以篆文刻啸台两字于石壁。

佛足左数十米崖上有一苇渡江的达摩像，乃1816年(清嘉庆二十一年)所刻。高约5米，峥嵘突兀，神采奕奕。笔者在省内外所见，尚未有如此工者。

20世纪30年代以后，殿阁逐渐毁败。抗战期间，国民党荣县县长黄希濂以支援抗战为名，又将佛像全身贴金洗去。佛像荒露，景物全非。

自1988年起，荣县文化部门将佛面佛身全部修饰。虽未重新穿金，但旧时贴过金的质底仍显出光泽，闪闪生辉，佛面仍然饱满光洁。而从佛颈以下，殿阁也重新修架，增为四层，有回梯可上。这样，人们从数里外，可看到慈祥的金容。在山势巍峨、林木葱茏中，殿阁岐叠掩映，更显得法像尊严。入寺登殿阁，城郭如在眼底，旭水萦回如画。

少城公园话沧桑

何　静

成都少城公园始建于清末。其地在清代为“满城”的一部分，当时是清军旗兵驻川部队的后勤物资及装备的仓库、马厩和训练场等所在，属于军事重地，不准随便出入。到宣统三年

(1911)，清政府废除“旗米供给制”后，在此地居住的满民为谋生路，便在仓库周围的空地上开地辟田，种植水稻、蔬菜、花木等，同时还兴建了一些楼台亭阁，设置茶楼、饭馆等对外售票，供人游览，始具公园之雏形。辛亥革命后，四川都督府将其地皮、房产等全部接收，开始规划为少城公园。

民国二年(1913)，为纪念保路运动，在园中修了一座带中西色彩的纪念碑。其碑以石为基，以青砖为体，四方形，高30余米，留日学工的王楠主持设计修建。碑的四面嵌有“辛亥秋保路死事纪念碑”十个大字，由书法家赵熙、吴之英、张夔阶、颜楷以不同字体书写。

此后，公园又逐步整修，扩建成为市民体育运动的中心。民国十二年(1923)，杨森设立“通俗教育馆”(后为民众教育馆)，馆址设在纪念碑之南；又拆除永济仓库，凿荷花池，池中塑观音持瓶像，瓶口可喷水，柳树环抱，池侧有茶舍、通俗教育馆陈列室等，另开沟挖渠，引金河水绕园一周，向东流去，将掘土堆积于池之东成为假山，并在其间的空地上设动物园，在碑东面修的公共体育场，修起了3000米的半圆跑道六条，还有可供球类运动使用的场地。1926年，骆成骧资助发起的成都射德会成立，又在碑的西面修筑了较射场，每年举办一次较射。1929年，四川省武士总会(后改称四川省国术馆)馆址也设在园内；由于其会长都是当时四川的军政要人担当,故每年春秋要举办一次规模盛大的打擂比赛,其选手来自全国各地,观众甚多,成为成都盛会之一。每年秋季园内举办菊展,题辞吟诗,供人观赏,热闹非凡。少城公园于1949年后改为人民公园,它像一颗绿色的宝石,镶嵌在锦城的中心,形成游人如梭的风景区。

印 月 井

李仲玙

四川什邡县印月井,为县中八景之一。

什邡印月井在县城东北角外。自北而东的雒水(即石亭江)支流流过万安桥不远,至县城东北角,城北护城河自西来与之相会,印月井即在护城河河口中间,井上围石栏成八角形,井口直径约一米许,一方缺栏,井中水可从缺处溢出。我曾在雨后河水高涨时,看到井栏外水甚浑浊,而井栏内水却清澈如常,当时只感到奇特,不知其所以然,后来行游村落间,所经溪流多有泉水涌出,沙白水清,颇饶野趣。因想到我县泉水甚多,如南阳泉,泉水于纵横数亩地中纷纷上涌,汇成池泽;又有修竹数十竿疏疏落落,错杂其间,竹影水光,清旷独绝,导泉水分流,灌溉田亩以万数。惜今人束水筑为游泳池,看不到昔日佳景矣。又如濯缨泉,相传北宋时,程颢、程颐的父亲程珦在汉州(今广汉县)作官,兄弟二人远道来省视,便游什邡,见道旁溪流中泉水清冽,因解下冠缨洗濯,遂为此处泉水留下嘉名。其地现尚存木质牌坊一座,上书“二程夫子濯缨处”七个大字纪念之。这表明我县土多砂砾,地质疏松,地下水容易冒出地面。印月井内也为泉水所聚,泉水涌出多,向外溢出力大,周围浑浊之水难于浸入,所以栏内始终保持莹莹一泓。

清乾隆《县志》载有县人陶世熙于康熙二十年(1681)写的《重修印月桥序》。既曰“重修”,必是原本有桥,因其“圮废”而重修之。康熙二十年,清王朝统治势力始达四川后,经过镇压大顺军,与据云南的吴三桂多年战火,城区衙署民舍多遭破坏,此桥之圮废当在斯时。桥名印月,自是在井旁边。陶《序》说:“井窅而深,昔称‘邡江印月’处,为方亭(什邡又名)八景之一。”指明此井很幽深,早成为县中八景之一。再从“昔”字推算,至迟当在明代,到现在已有四五百年历史了。康熙二十三年(1684)草创的《县志》稿上记有“印月井在城北,每望夜常见月。”说明此井特点是每月十五月圆之夜,常常可以从井中看到天空中的一轮圆月。这就补充说明了井名印月的由来。

平都山的变迁

何嘉万

平都山位于丰都县城东北隅，海拔288米，方圆0.45平方公里。风景优美，传说神奇，名闻遐迩。两千年来，经“仙山”变“鬼城”，而今蔚为著名风景名胜和旅游胜地。

相传汉代王方平和阴长生在平都山修炼得道仙去，道教遂在山上设天师台传道。西晋时建殿宇，壁画溪女像。隋代建隋殿，供十仙像。唐代建仙都观，李吉甫在殿内书“阴真人影堂记碑”和“二真君碑”，宰相段文昌于贞元十五年(799)游此，见“峭壁千仞，下临湍波，老树万株，上插峰岭，灵光彩羽，皆非图志中所载者，昏旦万状，信非人境”，“若在紫府元圃矣”。大和庚戌岁(830)，段捐一月秩俸修葺寺观。大和七年(833)段再次登游，留下《修仙都观记》。相传麻姑、吕纯阳曾来山上访王方平和阴长生，尔朱仙在山上修炼后乘鹤仙去。杜光庭、苏轼、苏洵、苏辙、陆游皆登山遨游。苏轼有诗赞曰：“足蹑平都古洞天，此身不觉到云间。抬眸四顾乾坤阔，日月星辰任我攀。平都天下古名山，自信山中岁月闲。午梦任随鸠唤觉，早朝又听鹿催班。”真仙山也。因“平都天下古名山”诗句，平都山渐称“名山”。

宋淳熙丁酉年(1177),四川制置使范成大游名山,《吴船录》中有“冥狱所寓为酆都宫,羽流云此地或是”的记载,一些道士怀疑名山就是“鬼国京都”。随着佛教传入，阎罗地府之说盛行,一些教徒将阴长生、王方平连缀附会为阴间之王。明洪武十三年(1380),朱元璋政府正式改县名“丰都”为“酆都”,“鬼都”之说从此流行。后按照人间的诉讼、法庭、监狱、酷刑等一系列机制,建成天子殿、鬼门关、望乡台、阴阳界、东西地狱,并将明代寥阳殿前石桥改称“奈河桥”,组成阴曹地府建筑群。加之,《西游记》、《南游记》、《北游记》、《说岳全传》、《聊斋》、《钟馗传》、《子不语》等小说关于酆都鬼城的渲染，每年正二月,朝山进香者络绎不绝,使“鬼城”、“幽都”名扬海内外。

1949年,寺庙多圮。1982年11月,国务院批准“名山”为全国风景名胜区,长江三峡景区的名胜古迹。

川东古寨

张汝励　李继泰

栗子寨,又名栗子山、栗子湾。位于丰都县南栗子区,横跨栗子、毛坪两个乡,方圆约30公里，寨内有1万4千余人，幅员面积7万余亩，主产水稻、玉米。距县城21.2公里，1976年公路直达区公所治所。寨有龙河及其支流环绕，山势险要，东高西低，四周陡崖峭壁，寨内最高峰金龙寨海拔1428.7米，与“求雨堡”相对峙，两山峰悬岩绝壁，惟有一条小道通峰顶，可鸟瞰全寨，也是控制全寨的制高点。寨内人民为抗御兵匪骚扰，清同治二年(1863)，由寨上老鹰坪周弟龙(周八王)为首筹资，于险要处修筑寨门四十八道。寨墙沿山势建筑，居高临下，地势险陡，易守难攻，在以刀、矛为武器的时代，真是一人把关，万夫莫入。近代，人民群众曾多次汇聚于此反抗反动统治的压迫。民国十七年(1928)崇德农民暴动，十月十一日陈光鑫、甘雨苏等人率起义军进驻栗子寨，镇压不法劣绅，开仓济贫。十月十六日县知事杨昭率地方团队千余人攻寨，被义军歼灭。十一月十三日义军在跌马坎寨门设伏击，打败杨森部一个营。民国十八年(1929)九月，汪长青率神兵700余人，在栗子寨碑牌垭口等地与陈兰亭部接火，陈部惨败。民国十九年(1930)四月，四川二路红军游击队在三抚堂与汪长青领导的神兵合营，开赴栗子寨，打垮雷树柏、蒲位卿等地方团队。

这座古寨，虽经多次战乱，因构造坚固，各寨门至今仍存。

蜀北名山——太蓬

王济民

太蓬山，与四川峨眉山同属古代蜀中二大名山。它位于营山县城东北60公里的太蓬乡。此山气势秀拔，危岩绝路，洞府迭出，名胜甚多。太蓬仙迹素称营山八景之首，早已遐迩闻名。山中的“天子读书堂”，回廊曲径，旧址犹存，相传晋永康年间益州牧李特，曾隐居在此读过书(303年晋太安二年李特据蜀称帝，国号成)。透明岩更是孔穴相连，宛如穿凿之状，尔朱真人在此修炼成道，流传于后世。千佛岩上唐代镌刻的密宗摩岩造像五十六龛，千姿百态，引人入胜。舍利塔矗立云天，建成于清咸丰四年(1854)，六级六方石碑上，刻有二十九幅浮雕，其中有手持吉祥果的佛像，有打莲花落的表演者，形状各异，雕艺精湛。还有飞仙桥、卧神洞、朝阳洞、仙马洞、李公洞、古佛洞、花园洞、千龙洞、灵牛洞、古禅窟等名胜，不胜枚举。古今文人名士，在此留下的诗文题刻近百余篇，其遒劲笔法，还依稀可辨。每年盛夏，前来览胜避暑者，此去彼来，不绝于途。

太蓬山方圆10余里，山顶田畴交错，民舍星列。四方寨墙高筑，危径相通，地势险要。清嘉

庆二年(1797),白莲教首罗其清曾率农民起义军攻山据守数月,因众寡不敌,罗在突围中被俘殉难。1933 年,红军攻下营山,政治部就设在朝阳洞,指挥川陕革命根据地营渠战役中的玉泉观、南岳山战斗,取得了辉煌的胜利。

太蓬山乃千古佛教圣地,山上的景阳寺,建自唐昭宗八年(896),殿宇轩敞,佛像庄严,每逢二、六、九月十九日,庙会盛开,香火极盛。远近州县前来朝山观胜者,络绎不绝。1958 年寺院被毁于火,现已修葺一新。太蓬山更巍峨挺秀,气荡云层,它常以童颜盛装,欢迎远近来客。1985 年春旅游开业,四方游客,纷至沓来,热闹非凡。

护 国 岩

颜 林

护国岩位于泸州市南约 50 公里的永宁河畔,是属重点文物保护单位之一,峭壁上的“护国岩”三个大字各约 2 米见方,笔力遒劲,气势雄浑,是当年护国军第一军总司令蔡锷将军所题。蔡并撰《护国岩铭》及序同刻于峭壁之上。铭曰:

> 护国之要,惟铁与血。精诚所至,金石为裂。嗟彼袁逆,炎隆耀赫。曾几何时,光沉响绝。天厌凶残,人诛秽德。叙泸之役,鬼泣

神号。出奇制胜，士勇兵骁。鏖战匝月，逆锋大挠。河山永定，凯歌声唱。勒铭危石，以励同胞。

朱德元帅曾任护国军第三梯团第六支队长。在泸纳战役中，浴血奋战，表现了卓越的军事才能，战绩广泛传述。美国作家史沫特莱在《伟大的道路》一文中写道："朱德支队在棉花坡激战中，连续'激战了四十五个日日夜夜，毫无间歇。……也就在这一仗里，朱德赢得了勇猛善战，忠贞不渝'的声誉。"1946年，吴玉章在庆祝朱德六十岁生日的文章中，也对朱德在护国讨袁中的卓越战功给予高度评价。

护国讨袁胜利后，朱德曾撰一联哀挽壮烈捐躯的将士。联云："与黄花岗同一馨香，气象森严，乾坤只有两堆土；续奇男庙无双祀典，风云叱咤，魂魄应归九虎关。"后又作一联纪念护国之役取得的决定性胜利。联曰："滇南壮士集云溪，听铁马声中，三渠洪水开天地；翼北胸襟环纳带，看朱坪阵上，万里烽烟动古今。"

1918年秋，朱德重到护国岩，追忆当年战斗情景，即兴感赋《题护国岩》诗一首，诗曰：

曾记项城伪法苛，佯狂脱险是松坡。
清廷奸佞全民觉，专制淫威碍共和。
京兆兴妖从贼少，滇黔举帜义军多。
风流鞭策岩门口，将士还乡唱凯歌。

岳池灵泉兰亭碑

杨　林

据历朝《岳池县志》记载，王羲之曾寓岳池，在灵泉山(今响水乡奶山坡)有遗笔，但不知何时被湮没无存。1855年(清咸丰五年)，岳池在遭受严重春旱之后，由于阴历三月的一场暴雨和接踵而来的十几日连绵阴雨，造成灵泉山一次滑坡，使这个传说中的王羲之遗笔——“灵泉兰亭碑”，突然重见天日。

灵泉兰亭碑，长1丈余，高约4尺，呈淡青色，石质异常坚硬，《兰亭序》文字清晰可认，全文224字，只字未损缺；宋徽宗和宋钦宗二位皇帝的题跋，则磨损太多，字迹模糊难辨，惟能见落款：“宋徽宗御跋”、“宋钦宗御跋”及“宣和×年”字样和徽、钦二宗的印玺。

灵泉兰亭碑的发现，在川北地区引起轰动。当时的县令(陇西人)武尚仁(静山)，是前翰林院庶吉士，博学多识，精通翰墨，对这一发现极为重视，多次亲往查勘，并拓片回家分析考证，认为灵泉兰亭碑确是件稀罕物，当年即与训导毛徒南在灵泉山修建了“右军碑亭”，对“兰亭碑”加以保护。1887年春，又修建成了“右军祠”，该祠后来成了临摹书法、祭祀书圣以及文人聚会的场所。武尚仁还邀集文人学士共往鉴赏此碑，倡议赋诗咏记这一发现，并首作《记兰亭碑长歌》(石刻存于灵官庙，今毁)。诗僧虎溪禅师应约作《题灵泉山草书兰亭石刻呈邑侯武静山二首》，谨据《虎溪诗稿(卷二)》录于后，作为史证：

永和以后又宣和，(石刻后跋只余宣和年号)
千载兰亭瞬间过。
自古文章增感慨，于今风雨未销磨。
几疑墨宝沉沧海，偏有青云护薜萝。
我是金山逢内翰，拟将此笔问东坡。
何年妙笔落风尘，又向灵泉转一轮。
峭壁都含龙虎气，磨崖不独晋唐人。
重开生面非无数，偶读诗文亦感春。
未得将军真笔诀，敢夸智永是前身。

1923 年，县城修建“和溪公园”，将灵泉兰亭碑移置园内，安放在后山钟鼓楼前（今档案局前），前来观赏、临摹、捶拓者更是络绎不绝。1949 年后“和溪公园”虽拆解，园地也陆续被机关、学校占用，而灵泉兰亭碑仍受到人民政府的重视和保护。“文革”时竟被当作“四旧”之物摧毁。

四川碑林

晓　舟

说起碑林，人们自然首先会想到闻名遐迩的西安碑林，那里集中了汉、魏、唐以来的著名书法家的碑石一千数百方，这些碑石是研究祖国古老历史和书法艺术的重要文物。而在四川，碑林有多种类型，却鲜为天下人所知。如有记载地震资料的地震碑林，有记载红军标语的标语碑林，还有保护森林、发展经济作物的林碑。

罕见的西昌地震碑林

凉山境内的西昌一带，是地震多发地带，自明、清以来发生过三次大地震：即明嘉靖十五年(1536)、清雍正十年（1732）和道光三十年(1850)。至今西昌市郊东南泸山光福寺，共存有地震石碑一百余通，详细记载了西昌、冕宁、宁南等地历史上发生的地震资料，包括地震发生的时间、前震、主震、余震，受震的范围，人畜伤亡及建筑物被损坏的情况等。碑林还记载有凉山境内的安宁河、则木河等断裂带在历史上发生的多次断裂地震。由于这些碑林的记载，既可与文献资料相对照，又可补充文献资料的不足与空白，为我国稀世之地震文物。

广元红军标语碑林

四川北部是20世纪30年代的川陕革命根据地,留下不少革命文物。1933年至1935年,红四方面军在川陕革命根据地广元县境内,有标语一百多条,这些红军标语皆刻在石碑上,内容反映了红军在根据地进行武装斗争、建立苏维埃政权、组织生产和文化建设等多方面的情况。这一百多条的标语碑林在广元县西嘉陵江西岸皇泽寺侧,距县城一公里处。

通江“林碑”

通江县七十六个乡皆有林业碑碣,计有林碑一百多条。林碑的内容,有保护风景名胜的禁伐碑,有禁止乱伐林木的禁山碑,有保护经济林木的银耳碑、黑耳碑,有记载发展五倍子致富而捐官的老爷碑,有保护古树的古树碑,有采伐木材备忘的采伐碑等。这些林碑,对考察林木的演变兴衰、森林品种的更新布局,以及经济作物、木材的利用等,提供了可贵的依据,也是记录地方林政管理的文物资料。

旧成都茶馆

崔显昌

氛围和格局

1986年秋，巴黎埃菲尔铁塔下出现了一家非常地道的成都茶馆：黄灿灿的楠竹椅，齐膝高的黑漆小茶桌，碗、盖、船三件头茶具内茉莉花香四溢的盖碗茶。特别是那位“堂倌”，一手提着铮亮的铜壶，一手卡着一大摞茶具，一边用纯正的成都腔吆喝着“几位？坐哇！”“开水——羼起呃！”一边在茶客隙缝间蝴蝶穿花似的跑堂。那作派，不由得令人陶醉在一种特殊的“茶文化”

氛围之中。有人说酒吧是认识巴黎的窗口，我们又何尝不可以说茶馆是认识成都的窗口呢。在成都茶馆日趋“洋”化的今天，埃菲尔铁塔下以盖碗茶为时髦，不也是这个意思么！

旧成都号称“三多”：闲人多、茶馆多、厕所多。话虽不雅，倒也贴切。试想，二百余条街，四百多家茶馆！这恐怕是全国之冠吧？何以会如此呢？原因很多，我想其中至少有值得历史、社会、民俗、经济和文化等学科综合研究的课题。

笔者曾以旧成都茶馆为参照，作过一番比较的工作，发现它在格局和韵味上同外地茶馆有着相当差异。北方茶馆，一般是高方桌、条凳、壶茶。入茶馆者须正襟危坐，难持久；茶以壶泡本已欠佳，还有一壶水一收费之举，人们只索解渴辄止，意兴全无，故曰“无茶无座”。南方有称“茶居”的茶馆是颇负盛名的了。座位有了靠背，比北方茶馆舒服。比如广州有名的“天然居”，门上有副回文联曰“客上天然居，居然天上客”。但这类茶馆都是以自制的点心为主，来客之意多在“点”而不在“茶”，故在成都茶客眼里只能叫“有座无茶”。就是四川，好些地区的茶馆也与成都茶馆大异其趣。比如有些地方的座位是躺椅（俗称“马架子”），好像很舒服，然而一经实践就发现：一、每喝茶必得从座位上撑起来，麻烦；二、躺之稍久，人即昏昏欲睡，故这类茶馆又有些“泥座失趣”。比较之下成都茶馆倒还可称“有茶，有座，有趣”。这大概就是成都茶馆不仅受成

都人喜爱，而且也得到外地茶客一致好评的原因所在吧。

有茶、有座、有趣

所谓“有茶”，就是能让茶客得到满足。俗话说：茶好不如水好，水好不如器好。因此，旧成都茶馆的经营者在用水、备茶、置茶具上是毫不含糊，颇具匠心的。

先说水。沏茶之水，《茶经》有言：泉水为上，河水次之，井水为下。成都无泉水。早年连自来水也没有，故一般茶馆都挂有上书“河水香茶”的粉牌以示招徕。彼时锦江水质甜净。一般茶馆也果真雇人用胶轮车载上大木扁桶去取回河心水——为此，茶馆自然又得备几口沙缸以作过滤之用。

再说茶叶。成都人喜欢茉莉花茶，但茶馆老板也不乏生意经，为了满足南来北往的过路客，他们也备有其他各路名茶，把粉牌写得满闹热。有的考虑得更细致：夏天加备杭菊，解暑，清肝，明目。冬天加备沱茶，据说沱茶性温热，专供老年体虚者之需。

至于茶具，就是赫赫有名的“盖碗儿”。这套由盖、碗、船组成的三件头茶具，可算把喝茶的艺术推到了臻于妙境的高度。最妙处在于茶船的定型和茶盖的巧思。据《资暇录》载，茶船是南齐蜀相崔宁之女所发明。有了它，既稳定了茶碗的重心，又免却了滚茶烫手之虞。茶盖最具巧思。有了它,茶碗不至于闭得太严,茶味得以徐徐沁出,能随意控制茶汁的溶解速度和茶水温度,还可避免喝茶时茶叶入口。总之,很惬意。因此,有人说,看你是不是成都茶客,只须看你摆弄茶盖的手法便能一目了然。

"有茶"还需"有座",即令饮茶者坐得舒服。旧成都茶馆对此很考究。椅子以四川盛产的楠竹为之。其椅脚的高矮、坐垫的软硬、椅背、扶手的角度和宽窄均很注意。茶桌一般及膝高,恰与坐时手的高度相宜,取饮甚便。但据清末周洵的笔记《芙蓉话旧录》载:"茶社无街无之。然俱当街设桌,每桌四方各置板凳一。"可见这"座"的完善,也不过近百年的历史。

如果说"有茶"、"有座"尚属物的范畴,家里也不难办到,那么"有趣"一项则非入茶馆不可得了。因为一离开茶馆内形形色色的人间众生相,这"趣"便无从谈起了。

茶馆里的众生相

旧成都有家兼营酒食的茶馆,门上有副楹联很有趣:"为名忙,为利忙,忙里偷闲,喝碗茶去;求衣苦,求食苦,苦中作乐,打壶酒来。"这联意颇中肯,即茶客中除了闲人之外,更多的还是忙里偷闲者。他们各取所需,便构成了旧成都茶馆的众生相。以功能来说,茶馆兼有行帮的"办公室"、会社的"联络处",一般市民的"会客室"、"俱乐部"甚至"民事纠纷调解处",流动商贩的

“特种市场”以及民间艺人的演出场所等作用。

旧成都的三百六十行，多以某茶馆为中心，形成其有形或无形的“同业公会”。届时聚会，了解行情，洽谈业务，这就是俗称的“帮口”。帮口各据茶馆。如春熙路的“饮涛”属“金银帮”，东大街的“包馆驿”属“棉纱帮”。南门火巷子属“米粮帮”，安乐寺属“纸烟帮”和“西药帮”，中山街属“鸽子帮”，百老汇属“雀鸟帮”，安顺桥头及天灯巷口属“布壳帮”等等。茶馆几乎成了各帮口的办公室。

旧时四川的袍哥是无所不在的。茶馆既是地方上军、政、绅、商各界人士常涉之地，很自然地成了袍哥码头的联络处。如果一个袍哥在本码头“翻了船”(黑话：闯了祸)，投奔异地，举目无亲，他只需在当地茶馆“亮底”：倒上一碗茶，揭下茶盖，扣挂在茶船边沿，所在码头管事就会上前“盘海底”。盘，盘问也；“海底”，袍哥界隐语、黑话也。落难袍哥只要“报盘”(回答)对路数，便会受到热情接待：代开茶钱，安排食宿，离开时还助以川资并指引去路。我尝想，这套程式说不定包含有历史上农民起义风习的痕迹呢。

旧时成都一般市民的住处狭窄，有客来时，主人总是手一挥：“走，口子上吃茶！”客人也习以为常，欣然前往。茶馆无形中又成了一般市民的会客室。

茶馆又是群众的“俱乐部”，最常见的是“打围鼓”(川剧坐唱)。旧时群众业余文化生活贫乏，“围鼓”也聊以解馋。演唱者有业余，也有专业。虽不化妆，不表演动作，仅仅各自执用一件乐器，如川锣、川胡、板鼓、堂鼓、大钹、马锣之类。一人唱一角，自吹打、自演唱，但它毕竟满足了市民精神生活的需要，因此也很受欢迎。有“围鼓”的茶馆，生意格外好。认真推究起来，成都茶馆对川剧事业的贡献还不小呢。一是最早的专业剧场，就发源于茶馆(悦来茶园)，二是好些川剧名角，都是经过了“打围鼓”当“玩友”的洗礼才脱颖而出的。如名噪一时的浣花仙、贾培芝等川剧艺术家，“下海”之前就当过多年的“围鼓”“玩友”。

“书茶”和“讲茶”

旧成都的曲艺演员连一处专业剧场也没有，他们只能寄人篱下，在茶馆内演唱。其上焉者，每天固定在某茶馆演一至二场，称为“坐馆”或“蹲棚”。除堂子内一端暂设一简陋的舞台外，茶馆营业照旧。听书者一茶一座，每碗茶比平时的“闲茶”略贵一些，称为“书茶”。这多出的钱由茶馆和艺人按一定比例分成。这类“书茶”，以夜堂说评书为最多。此外，鼓楼街的“芙蓉亭”、东大街的“包馆驿”和西御街的“安澜茶社”专演唱扬琴，春熙路的“益智茶楼”则以清音、大鼓、相声、相书等曲艺形式的综合演出闻名。曲艺演员其下焉者特别苦。他们由于种种原因没有固定的茶馆演出，当然也就享受不到“书茶”的分成，

只好奔波于各茶馆间。这叫“钻格子”或“闯棚”。他们见茶馆就钻，演唱异常频繁劳累，但收入毫无保障。演唱完后，拿只茶船子沿桌哀告乞讨，同“丐帮”中的“艺讨”也相去不远了。

除了“书茶”，还有一种“讲茶”，也是旧成都茶馆里颇有意思的风习之一。

旧时一般老百姓，除非万不得已，都忌讳进衙门打官司。于是，凡遇民事纠纷，在两厢情愿的前提下，便相约去茶馆当众解决，俗称“讲礼信”或“吃讲茶”，冲突双方加上共同请来的地方上“公事人”(保、甲长)，码头上的名人，德高望重的老人等，届时鱼贯入场，一人一碗茶入座。堂倌此时只点报茶的碗数，先不收钱。何以然者？因为“吃讲茶”在民间已形成一条“不成文法”，即茶钱等讲完理后，谁输理，谁就得把双方的茶钱一齐给。讲理时，总是由一位深孚众望的人充当主持人，先令冲突双方当众介绍纠纷端末，说完后，众人都义不容辞地发表意见，调解纠纷，仲裁是非。一般说来，“吃讲茶”的过程都很规矩，冲突双方纵有申辩也轻言细语，因为在众目睽睽之下，若出言不逊会遭众人鄙薄，输理开茶钱不说，脸面上也很不光彩。但也偶有“捡不顺”的时候，双方各执一端，矛盾激化，甚至飞茶碗、甩椅子，演成斗殴。这就只有“官了”——去警察局解决了。这么说，茶馆不就遭殃了么？不。冤有头，债有主，茶馆非但一点不懊恼，反而还暗暗高兴。咋回事？根据经验，警察局裁决下

来自有人负赔偿责任。堂倌届时不但把现场的茶钱和损失点得一清二楚，甚至把平常存放在一边的烂茶碗、破桌椅也一古脑儿摆将出来，一五一十地点数，栽给输理者照赔。谁叫他要横呢？活该！

小商贩们的衣食地

自然界里有一种“共生林”，在同一片土地的滋养下，各种乔木、灌木、藤萝以及花花草草在一起相辅相成，生长得茂盛葳蕤。从某种意义上说来，旧成都的茶馆也可以说是一种“共生林”——各种各样在茶馆内讨生活的小商贩的“共生林”。虽然这类人物在全国各地茶馆内都有，但旧成都茶馆内的此类人物却很有点地方特色。

从早到晚，茶馆都有不少提篮携筐者出入其中，穿梭叫卖。诸如卖各种零食的、卖药的、卖报的、卖针头麻线的，以及掏耳朵、修脚的，测字算命的等等，应有尽有。他们构成了旧蓉城风情画的一部分。

卖烟的。有纸烟、叶子烟、水烟三种。纸烟、叶子烟小贩多为贫家儿童。他们胸前挂一木匣，内装各种牌子的纸烟，手握一把长长的竹烟杆，沿桌吆喝：“纸烟哇？叶子烟？来一杆！”纸烟多为卖零支，叶子烟供人操派头。要抽叶子烟了，一招手，一支铜嘴擦得亮铮铮的长烟杆便已递到嘴边，只需抬手、张口，卖烟人就代你把烟装上、火点燃了。卖水烟的“行头”更别致：腰间一个大挎包，分格装着各种烟丝，头上帽沿里插满了纸捻子，手里捧着一只铜烟袋(不是家居用的那种，大得多，酷似西洋乐器萨克司风)。有人要抽烟，也是招之即来，接上可以伸缩自如的烟嘴，老远就可以递到吸烟者的嘴边，也是代为装烟、点火，吸者不但可以不动手，甚至连头都可以不动一下就一袋一袋地把瘾过足。

赌白瓜子的。小贩手挽一篮金川白瓜子，与闲得无聊而又好赌的茶客赌输赢，赌法有“猜颗数”与“一手准”两种。“猜”是由茶客从一只小布袋内暗中摸出一定数目(比如十五颗以内)的瓜子，握拳置桌上小贩猜，没猜对，瓜子放在一边算茶客赢的。就这样一手手猜下去，直到猜准颗数为止，算一盘的价钱，茶客所得瓜子有多有少。“一手准”由小贩出手，从篮内一手抓出(可以略事掂量，不能一颗颗数)议定的颗数(比如五十颗)，没抓准，瓜子放一边算茶客赢的。再继续抓下去，到抓准为止算一盘。运气好或手艺好的小贩，三两下或一两手就能猜准或抓准，这对茶客不过是消遣，而对小贩却很犯险，笔者就不止一次看到过小贩惨败的场面。

旧成都茶馆里，热天还有“卖风”的。什么叫“卖风”呢？就是给茶客扇风卖钱。名虽为卖，实为变相乞讨。“卖风”者多为乞儿，可怜巴巴地双手握扇在茶客身后扇呀扇呀，如遇心好的茶客，顺手打发几个零钱；如果遇上恶人，白受风不说，待“卖风”人伸手讨钱时，他还会恶狠狠地骂人：“哪个喊你扇的呵？滚开！看把老子扇凉了！”“卖风”者白辛苦，可又奈何他不得。

堂倌的功夫

旧成都有句俗话，叫做“长官不如副官，掌柜不如堂倌”。的确，以应付茶客的功夫而论，成都的茶堂倌确实强于茶馆掌柜。堂倌雅称“茶博士”，源出唐朝封演的《封氏闻见记》：“御史大夫李季卿宣尉江南，陆羽来见，衣野服，随茶具而入，手自烹茶，口通茶名。茶罢，李公命奴子取钱三十文，曰‘酬煮茶博士’。”看来这是古代文人间的雅谑，但“博士”之名由此传焉。而旧成都的堂倌对“博士”之称可以说是当之无愧的。他们“博”的不是经史或诗文，而是博于对形形色色人事的认识，所渭“世事洞明皆学问，人情练达即文章”是也。因为要吃堂倌这碗饭，非把各色茶客吃透不可，这功夫叫“提壶羼水，起眼看人”。功夫中精要处是收茶钱。自喝自付的单个茶客没啥，收了就是。难的是几个人同时争着给，或者当一个人刚进门，到处都在招呼“这儿拿去！”“这儿给了！”“算我的！”到处都在举钱，你到底收哪家呢？有经验的堂倌就会审时度势，看人说话，收得恰到好处，皆大欢喜，咋回事呢？

一曰收真不收假，假招呼是收不得的。怎么知道是假招呼呢？一是两只手全用去拉别人，口称：“不准收！不准收！算我的！算我的！”慷慨

激昂，手忙脚乱，好像无暇掏自己的腰包而又很着急的样子，这叫“双手擒王”，收不得——其实你要想收也收不到；二是“打太极拳”，口在喊“这儿拿去！”手却把钞票捏得紧紧的，还直挽圈圈，这不能收——也不容易收；三是隔老远干叫唤，连身子也不动一下，这叫“伙倒闹”，也不能收等等。剩下的真招呼，也还得有个比较选择，那就是——

二曰收生不收熟，熟客常来，要照顾利益，生客收一回算一回，不妨事。

三曰收富不收穷。富者给几碗茶钱无伤大体，穷茶客则经不住几收，收多了也不忍心。

四曰收小不收大，即小钞不找零，多半是真心，因此为了表示真心给茶钱的总爱说一句：“这儿拿去！小的！不找！”反之，“打太极拳”之流总爱捏张大票子挥舞，谅你堂倌找不开，至少麻烦。但堂倌也会变通行事，这又令那些“太极拳”打得不精的人哭笑不得。即在夜间收堂前堂倌喜欢收大钞，为的是把小钞打发出去，交账时更方便。为此之故，“太极拳”专家也补充了一点，叫做“早打大，晚打小”。凡此种种，都属于堂倌的“起眼看人”的基本功。

另一项基本功叫“提壶羼水”。这是堂倌不可少的手上硬功夫。一把铜壶装满水有十来斤，整天提在手上满堂穿花，在应对茶客的同时还得卖点“手彩”：老远羼个“仙人过渡”；从茶客头上弄个险，但又滴水不撒叫“雪花盖顶”；桌上的茶碗刚羼满，手上的茶碗又从水头上巧妙地切入，来个“金蝉脱壳”；左右手各执一壶同时羼一碗，叫做“二龙戏珠”；水满手不停，幺拇指轻轻一勾，茶盖子便稳稳地扣上碗口，名曰“海底捞月”等等。这一整套动作一环扣一环一气呵成，若非久经锻炼是不行的。

川菜味无穷

车 辐

吴白匋教授，江苏扬州人，抗日战争初期来到成都，对于川菜中麻辣烫颇有兴趣和研究。

他认为麻的花椒同辣的海椒，有互相制约、融合一体的作用。先尝一种味、单一的孤军深入，然后扩大战果，吃起麻辣互相渗透的复合味，从而发现花椒虽麻相对地却抑制了海椒之辣，并且挥发出一股浓郁的香气，增加了食欲。这位教授进而引申：“海椒虽然火爆，终究不是毁掉一切的火；花椒之麻，也不是使舌头失去知觉的麻醉剂。它们都是食品，是舌头上可以接受的味道。……再细加咀嚼，则不仅是鸡鸭鱼肉的原味依然可以分辨，而且会感到味道更厚了，最奇怪的是咽下去以后，回味却是清而甜的。”

麻辣味集中于陈麻婆豆腐中，他入川第二年春天，去品尝这样名菜，他说：“我发现好处就

在于烫，因为温度可以加强食欲。说也奇怪，吃下一勺，再吃第二勺，就不感觉多么烫了，……烫得头上出汗，全身却很舒畅。”他的结论是："品尝川味，凡事经过实践，习惯成自然，品尝川菜非到成都不可。”

他认为川味中之精品在于汤，以原汤作菜，更是高格调。他举白油苦笋为例，笋子本身有一种苦涩味，先煮后才去水，去涩留苦，这苦味中有一种回味，有如橄榄回甘，“真是大有诗意！……我见过唐代大书法家怀素的《苦笋帖》，读过宋代大诗人黄庭坚的《苦笋赋》，闻名已久，当然要多尝几次，……在理论指导下去寻食，实地品尝经验，有利于在比较中说出好坏，这样就避开了主观片面性”。他评出川味中之上品是汤，汤的汁子佐菜，当然是不同凡响的了。

桂芳斋与兰花根

陈雨皋　周学高 口述

阮扬中 整理

兰花根为糖果食品，体如圆柱，大小若拇指，形似兰花根，味香甜酥脆，故以兰花根名之。

兰花根以糯米面经过发酵、加糖、作坯(如小指头大的条状)，放入麻油锅中，适当加温，直至成形酥脆，然后上糖“收汗穿衣”（术语）即可食用。其主要原材料有精糯米、芝麻油、蔗糖、饴糖等。长期以来已有一套精细的制作工艺，严格的检验标准，成为铜梁县特产，远近闻名，畅销不衰。

兰花根以陈记桂芳斋所产者为上品，凡馈赠亲友和摆茶盒待客，莫不以买到桂芳斋产品为荣，故桂芳斋与兰花根齐名。其实，桂芳斋所产的其他产品，如砂仁糖、蜜饯等也都较同行为优。

桂芳斋是以从璧山迁铜梁的弈桂公的“桂”字和陈芳琳的“芳”字而命名。在20世纪初至20年代间，陈芳琳和陈纪常经理期间，业务最旺，兰花根年产量二万斤以上，加上当时的正发斋、桂林斋、青云斋等的年产量，共有四万斤左右。

迨至20世纪30年代后期40年代初期，桂芳斋由陈骏业经理，不亲事生产经营，业务日渐衰落，已由紧邻的秦炳林斋和品香等所代替。如桂芳斋的兰花根缺货时，常从后门向秦炳林斋借来应市。1949年前几年，铜梁的兰花根以品香所产者为最佳，因系桂芳斋的徒弟何炳云生产，原来的桂芳斋已门庭冷落，一蹶不振。但这一特产至今犹在。

旧时自流井盐商的“奢吃”

何桂清

旧社会的自流井，豪富盐商的奢华，尤在一个“吃”字上。他们无事不摆席，无席不称奇。

有一道菜叫“麻雀脚片”谐呼“玛瑙碎片”。这盘麻雀腿，胜过宋太祖的腌麻雀，赛过朱元璋的炸麻雀。此菜取料讲究，制作费工，先是雇人抓麻雀，只选大腿，其余弃之，然后由厨师腌制、去骨，切成豌豆大的薄片，加工成罕见之物，既好吃，又好看。

“怪味坛子肉”，怪在无味，进到口里，你想啥子味就是啥子味。制作颇为烦琐。将猪、牛、羊之精肉，与全鸡、全鸭，各种山珍海味、宣威火腿、藏牦肉干、上等香料拌在一起，重百斤以上，倒进巨锅用猛火煮，煮好趁热装入大坛内，密封坛口。接着用杯口粗的草绳将坛密缠抬到糠壳灶里，燃火焖烧，直到草绳化为灰烬。

冬至“炸羊尾”。他们派人千里迢迢从甘肃选购回大尾巴公羊，加精料饲养，冬至前已将羊喂得膘肥肉满，仅尾巴重就达二十余斤。羊尾锅炸，似油非油，似肉非肉，鲜嫩不腻，香酥散口，经本地厨师操作，反而为西秦人所倾倒。旧时交通极为不便，羊是雇人从甘陕赶回来的，取之不易可想见。

奢吃之状还有许多，如活猪取肝，生鸡割脯，蟹黄堆蟹等。为了吃一种“退秋鱼”(又名鲭波)，因其鱼产在沱江，他们就雇“担担灶”。清早捕鱼，精选、精烹，装入担子挑的铜鼎锅内，文火细煨，名曰“千炖豆腐万炖鱼”，挑夫们挑着担子跋涉七八十里地，待晚宴开席，一声“担担到”，桌上冒出个百里游鱼，满桌呼“鲜”。杨贵妃食鲜荔枝似可与其比踵。

黄敬临与“姑姑筵”

龙　辑

成都黄敬临，清末廪生，入民国后，曾两任县太爷，终厌官场污浊，毅然挂冠归里。有诗明志云：“挑葱卖蒜亦人为，误入歧途万事非；从此弃官归去也，但凭薄技显余辉。”

黄性通脱，爱书画，能诗文，尤精研食谱，颇擅烹饪，所制菜肴，多见创意。20世纪30年代，先后在包家巷、百花潭侧开设风味独特之餐馆“姑姑筵”(“姑姑筵”者，谓小儿辈以零食或蔬菜等物摹拟大人操办宴席之游戏也)，黄常下厨指点，或躬亲操作。骚人墨客，于此流连诗酒，“姑姑筵”名声大噪，盛极一时。

“姑姑筵”所挂联语，通俗生动，别饶意趣，诙谐中略寓嘲讽，可见主人性情。录二以示一斑："叹老夫无命作官，才租这大花园承包酒席；替买主下厨弄菜，好像那巧媳妇侍奉公婆。""右手拿菜刀，左手拿锅铲，急急忙忙干起来，做出些鱼翅燕窝，供给你们老爷太太；前头烤柴灶，后头烤炭炉，烘烘烈烈闹一阵，落得点残汤剩饭，养活我家大人娃娃。"

吁！黄亦一旧社会异行之士矣。

孙中山嘉纳杨庶堪诤言

张惠昌

1922年6月间，当孙中山从韶关回到广州时，陈炯明于16日凌晨2时发动武装叛乱，炮轰总统府。孙中山登上“永丰舰”，号召舰队官兵，发炮攻击叛军，并电召北伐诸军回师讨逆。孙中山在军舰上指挥作战，坚持五十五天，终因取胜无望，于8月9日离开广州，14日抵达上海。其后孙中山在沪号召西南各省讨伐陈炯明，并任邹鲁为大总统特派员，主持调集各军事宜。邹与杨庶堪(沧白)等商议，决定联络滇军、桂军、湘军以及忠于孙中山的粤军共同讨陈，改北伐军为讨贼军。及陈炯明败退，收复广州后，孙中山于1923年2月20日回到广州，当天即恢复大本营，重任大元帅，以大元帅名义委杨希闵为滇军总司令（先已任杨为滇军讨逆军总司令）。旋任杨庶堪为大元帅府秘书长。

滇军在广东，自恃讨贼有功，不守纪律，特别是军长范石生、蒋光亮等估提税款，公开干涉广东省政，部队霸占省公署不肯迁出，使省长廖仲恺难于应付。孙大元帅对此大为震怒，决定亲率卫队逮捕范石生。杨庶堪力谏不可。谓："滇军之无法纪，固也。特勇于斗争，卫士力薄，藉有不服，若属皆狼戾若虎豹，岂复知有大元帅耶！不幸而有他变，则祸乱烈于炯明之叛变矣。策当取之以道，徐以党义教之，使悟而循轨则可耳。"孙大元帅嘉纳其言，命杨庶堪前往开导。杨以大义教之，滇军逐渐就范。

成都"存正门"命名与除名

王秉文

"存正门" 是1935年国民党中央陆军军官学校成都分校建校时，在北较场校本部背北的城墙上开的一道城门，当年命名，次年除名，此后门虽设而无名。

此门是当时分校副主任彭武扬命的名，在

城门上有他亲笔写的“存正门”三个大字，落款彭武扬题，据他在军官集会上向教职员解释，存正，是取正气长存之意，同时也寓校长的名号“中正”。他还写了一篇文章叫：《存正门命名记》。当时，分校主任李明灏特为此题了字，还有一个身穿长衫的中校秘书贺鹏武也写了一首诗助兴。他们三人的作品，都用石刻嵌在城门洞内。门上、门洞大小刻字，都用朱红填底，显得光彩夺目。城门外面，有一座通往“野店”的小桥，是和“存正门”一道新建的，题名“文白桥”（文白，是当时军校教育长张治中的号）。

1936年5月，蒋介石来成都，除侍从室主任钱大钧及少数随从外，带的人很少，为了安全，他选择分校主任李明灏的办公室，作为临时住所。有一天，李明灏陪蒋介石到城墙外散步，一到城门口，蒋介石抬头看到“存正门”三个大字，顿时显得很不愉快。一出城，又见“文白桥”三字。于是折转身来，在城门洞内，仔细看了他们三人的题字、诗文之后，向李明灏提问：“贺鹏武是什么人？他对党国有什么功勋？”李明灏不敢开腔，只是毕恭毕敬地站着不动。最后，蒋介石对李说：“你们现在就要留名呀？！”次日，城门上，城门洞内所有嵌的字都用水泥封盖了。此事发生后，在当时教职人员中，产生不少议论，只是众说纷纭，莫衷一是，后经李明灏的随从副官王敬之说明事实经过，众始释然。

刘芦隐囚于雅安

吴天墀

刘芦隐先生因杨永泰被刺案牵连而遭拘禁，后来转移到成都。1938年日本飞机滥炸成都，他得到西康省主席刘文辉的关照，才又被送到雅安。

芦隐先生居雅后，由于刘文辉的政治庇护和经济上有所接济，基本生活是能够维持的，不过他究竟还是一名“犯人”，只能住在法院里面。当时他住了一列平房五间，除卧室书房外，还有一间经堂。有一两个儿子同住，内弟姓薛，刘文辉委为参议，常在身边，可领干薪。敬佛诵经，作诗写字，是他陶情怡性，消磨时光的主要活动。芦隐先生这时是在挫折失意中作诗的，但心态积极，常流露着用世的精神。例如1945年他写赠给我一首七律，可见一斑：

东倾山势建翎形，开辟还应罪五丁。
一析平芜为畛域，遂分流派与沧溟。
战酣秦岭胡云赤，师靡昭丘虏气腥。
闻道西邻乘胜入，扶颠急为扫戎庭。

这首诗描述了抗战大后方的地理形势，抒发了对法西斯阵营濒于崩溃的欢呼，读起来使人感到，他诗中的字词在跳跃，他身上的血液也在沸腾，体现出爱国的感情和精神。

雅安没有娱乐场所，上茶馆不失为一种较好的消遣或休息。我在雅安有上茶馆的爱好，芦隐先生也偶尔随兴参加。他不大议论时事，但也有过例外。一天兴致来了，谈起蒋介石早年和张静江、戴季陶等的关系和轶事，并涉及到蒋纬国身世秘闻。他还风趣地说："党员守则十二条，其中'有恒为成功之本'一条，就是戴季陶为了取悦于他的老婆钮有恒的杰作。"引得满座都笑起来。

1944 年 7 月我到芦山任职后，邀请过芦隐先生前往游览，因其地古迹文物遗存丰富，如：东汉巴郡太守樊敏碑、阙，东汉上计史王晖石棺，东汉蜀郡属国都尉杨君碑首，北宋木构建筑姜庆楼，黄庭坚书《绿菜赞》石刻碑，以及元代建筑的白塔寺、青龙寺等，都有参观的价值。次年 5 月，他和数友一道前来，玩后返回雅安。临别他赠我五律一首，中有"城偏忘国蹙，县小得山多"之语，足见他平时深怀家国离乱之感，就是流连山水之际也不曾暂忘。

亿万"法币"从天降

陈雁翚

1945 年春夏之交，中央银行运钞(法币)机一天飞经黔东台江县境,因飞机发生故障,遂将所运载的钞票若干箱向地面抛掷，借此减轻重量,继续向重庆飞去。

其时川人杨森正任贵州省政府主席，作台江县长的是杨森原二十军军部某处副处长张某。事故发生后,张一面派人分赴城乡清查钞箱下落,命拾得者马上交县政府集中保管;一面飞电报告杨森。杨森立刻回电,令将清获钞箱严密封存,静候中央银行派人前来处理,谁敢从中舞弊,定必处以极刑,不稍宽贷！这位县长怎敢违令，当下便把县参议会议长及国民党县党部书记长请到县政府来,大家当面把钞箱入库封存。及至事毕,已近黄昏,遂各散去。

不意当晚县议长、县书记长二人又联袂来见县长,趁深夜四下无人,就开门见山地道出来意,说现在法币贬值,经费困难,大家同感入不敷出,难道这笔天外飞来、千载难逢的财喜,就完全让它白来白去吗！张县长原是解人,听后便问:“依你们的意思将怎样办？”二人同声应道:“何不即刻开启库房，取它几箱出来三家平分,不就可免涸鲋之厄吗！”张县长未持异议,当然就这样办了，然后换帖几张封条，即便了事大吉。待议长、书记长去后有顷,这位县长独自沉思,觉得如此分羹,未免有欠公平。因为那两道“衙门”职工很少,县府官员多过他们两三倍,今竟毫无轩轾,认为自己吃亏太大了。于是复把封条撕下,另又窃取若干揣上腰包,好在县印在他手中，换帖封条、加盖大印都是轻而易举的。

逾日，中央银行派来专人，清点一下数目，相差很多，疑有隐匿。而张县长的答应则是“县境多山，深山老林一时不及遍查，阁下何妨亲去附近山区搜寻一下，由县府派人保卫、引导，或有所获，亦未可知”。此君果为所动。其时天气已渐炎热，山径又崎岖难行，这些平日养尊处优的银行高级官员，哪里吃过此种苦头！上了一次山，走了大半天，一无发现，归来精疲力尽，已有行不得也之叹。次日佯言行中另有要务待理，切托县府继续代为清查，即据县府封存数额向上级汇报销差。

不久，这位张县长因公去贵阳谒见杨森。杨问及落钞处理情况，张答：“完全遵令照办，弊绝风清，因为你说要杀人，谁敢乱来呀！”杨森闻言，气得两眼鼓起，一语未发。

郭沫若的遗憾

尚　山

1938年4月，我参加国民政府军事委员会政治部第三厅筹备工作。一天郭沫若对我说：“不久，郁达夫先生要来筹备处报到。郁达夫，恐怕你是知道吧。如果他来，你们要好好地安排他的食宿生活。他的性情有些孤僻，但他的内心很热,他是一个强烈的爱国者,又是博学多才的作家,他的到来对我们三厅的宣传工作将有很大帮助。”在这之前阳翰笙也对我说要特别关照达夫。

几天后,郁达夫携同王映霞来到筹备处报到,当听说要为他安排较好的住宿时,他说:“算了,我们就住汉口铁路饭店,不过江另住。”不久,由于郁王夫妇失和,在汉口新闻界引起一场风波。当时汉口的《大公报》连续两三次出现前后矛盾的启事,人们纷纷议论,使郁达夫感到很恼火。郭为照顾郁达夫的情绪,想让他改变一下环境,但从抗日工作出发,又舍不得郁达夫离开武汉。最后,还是设法把郁达夫和王映霞送到汉寿去住。事后,郭沫若惋惜地说:“达夫可算是我们阵营中的头等笔手。他不仅长古典诗文,而且也对日本文化深有研究,就是在日本的文化界也是一位知名人士。如果他能在这里多工作一些日子,肯定能写出一些抗日的好作品,这对我们的宣传工作是有很大裨益的。达夫太富于感情,这次使他十分尴尬,非常遗憾。”接着又关照说:“你们注意把他的生活费按月提早汇去,达夫是从无积蓄的。”

清末巴县衙役与袍哥

彭伯通

四川哥老会发展到清末，深入社会各阶层，竟是官与袍不分。知县上任虽然先要吏、户、礼、兵、刑、工六房典吏具结，保证没有参加哥老会。其实不过官样文章，六房下面的捕役、仵作、禁卒、门子、马夫、皂隶、更夫、仓夫、民壮等，几乎无不是袍哥。

巴县署设太平门内，今仍以巴县衙门名街。东、西辕门内大坝摆满摊子，贩卖杂货，还有小吃、工艺、修补、卖艺等，三教九流，五花八门，无所不有。大坝由哥老会各公口管理，其西侧开设若干茶馆。衙役按摊取费，俗称脂粉费，据说属于知县女眷收入。

一个茶馆一个公口，人群川流不息。打官司都在茶馆进行交易。外地人到重庆谋生，先到茶馆拜码头，才有立足余地。大盗小偷更要向执行捕盗任务的捕厅即典史署秘密投到，可得包庇。赃物大家分润，失主有权势原物奉还。包庇不了才入狱。清末巴县捕役萧二麻子以善破案著称，他成天坐茶馆，消息来源不断。盗贼佩服，却不怕他，多孝敬了事。

监狱里奇闻更多。某大爷犯法入狱，每天回

家住宿，点名时应到不误，临时查监，自有人报信。贺和尚平时结交权势，又很富有，为在妓院与人争风吃醋入狱，狱中专门设单人房间，布置雅致，壁上挂名人字画。还有些老犯人伙同狱卒做生意，开当铺，放高利贷，对外营业。

世间多少事，无奇不有之。

郫县的赁姓

赁常彬

以含租借意的赁字作姓氏，不仅不见于诗歌戏曲，即在《百家姓》里也找不到，更未列入5007个姓氏的统计数字之中。

在全国，惟有四川郫县(今属成都市)才有赁姓，只此一家。据家谱记载：明末熹宗朱由校天启年间，宦官魏忠贤专权，残害忠良。京城一位姓钟的武官，为魏忠贤所忌，欲置于死地而后快，遂逃匿，乃改姓赁，借姓之意，将来再姓钟。赁、钟本一姓，在郫县，赁、钟不通婚。郫县的赁姓是从湖北麻城县孝感乡迁来的。

民国初，郫县赁书船首先还姓钟，取名钟山。《四川近代史》第642页提到的四川省共和党籍副议长钟山，即还姓钟的赁书船。

当时四川政局动荡不安，人命如芥。大概在20世纪20年代初，钟山(即赁书船)被人深夜绑架后，杀害于成都将军衙门。因此，郫县赁姓皆认为：还姓钟，就要遭迫害，仍以姓赁才有安全感。这或许是在黑暗社会中一种恐惧心理的折射。

赁姓读音也是新的，赁字一音任(rèn)，二音吝(lín)。但是，郫县人却异口同声地将作为姓氏的"赁"字读作"佃"(diàn)。

我推测：在封建社会，向官府或地主租种土地者叫"佃户"，放租田地称"赁租田"。租佃与赁租同义，佃与赁亦混为一音了。约定俗成，不妨视为新音，也未尝不可。

清末四川彩票

杨学富

屡经外国资本主义欺压的清政府，从1901年打起了改革的旗号，但巨额的战争费用及战争赔款使它步履蹒跚，于是，苛捐杂税层出不穷。上行下效，各地政府也纷纷巧立名目，搜刮民脂民膏。湖北、江南等地就先后开办彩票业务以解时局之困。

四川政府也借口练兵制械需要较多的资金，而于光绪三十一年(1905)冬开办了彩票业务。所谓彩票，就是由政府出面发放的一种须由现金购买的有奖证券。开办之初，政府设立了彩票公司，后改为票捐局。此时的彩票业务未经中央批准。

光绪三十二年(1906)初，四川总督锡良奏请仿照各省开办彩票，拨归练兵制械之用。中央户部随即回复，指出练兵有专款，不必再为筹集。锡良不甘拒绝，于年底再次上奏，声称四川编练新军需要大量枪械，现已向德国订购机器，制造新式枪弹，机器即将运到四川，而四川开厂无钱，故奏请中央暂准开办，一旦筹集到别款则停止彩票发放。十二月中央同意所请。

彩票初办，售路甚广。四川人民争相购买，其中贫穷者因中大彩而变为富翁者，时常有之。每次售票，彩票公司门庭若市，正额不足应敷，又加出了副票。但是，政府官员侵蚀中饱，欺诈人民之事屡见不鲜。如1905年彩票开办之际，某县丞彩票监印委员冯昆山让彩票商傅崇矩认销彩票三千张，双方以三七比例领票与分成。但冯昆山不愿交出现银，傅崇矩只好担负了全部彩票的认购。冯无力独担而联合曾雅仑，曾不认冯昆山的账，只给傅崇矩二成利润。这样，最终分成时，傅崇矩在曾处分二成之利，在冯处却付出三成之利。傅不仅东奔西走，徒具拥有三千彩票的虚名，而每期赔出一成之利给冯。傅崇矩因此大为亏本，不无感叹道："委员之权力甚大，故敢怒而不敢言也。"由此，政府官员的劣迹可见一斑。

颜蕴山轶闻

阿　波

颜杰礼(1826—1899),字蕴山,号逢吉,是清末自流井凿治盐井的大师,死后被时人供有井口香位,誉为井场“鲁班”。他有许多故事流传人间,也很有趣。

道光末咸丰初,蕴山不到三十岁,已任王三畏堂的井口管事。堂主王朗云命其在王姓地盘锉黑卤井,蕴山遵命前往踏勘地脉。在扇子坝西北临近杨家冲,本家颜姓桂馨堂有两口黑卤井,推水多年而水位不下,蕴山判断其地脉与扇子坝相通,只是不知哪边是“底”。他在两井的坡下锉了一井,深200余丈,见功后黑卤丰厚,还有点草皮火(浅气层天然气)。岂知自此以后颜氏两井水位下落,至180多丈方可推水。桂馨堂堂主颜昌英六旬寿诞时,蕴山前往祝贺,叔侄相见,昌英问道:“贤侄可知通腔?”蕴山拜答:“小侄不知深浅。”昌英笑曰:“不知者不为罪。”蕴山上前向叔公耳语解释说:“扇子坝为王姓所有,水底在此漏水是迟早的事,望叔公另寻他处才是。”昌英颔首赞同。蕴山虽在昌英处说明,但仍深得王朗云欢心,认为蕴山为王家兢兢业业,诚可信赖,不久将他升任扇子坝18井总座办。

蕴山乘轿的轿内设桌，上置茶盏，抬轿的要走得很平稳，不能让茶倾出；换人换肩也使乘者毫无感觉。若井口夜间出事，轿中案上还要置灯。因他每次去“取难”(排除井口故障)都暗地将该井“岩口簿”(相当于钻井日志)携在身上，在轿中研读。待到落难井口，井口管事禀报了事故经过，蕴山便亲自下“家伙”(工具)验“号”(故障痕迹)，若“号”迹不明，他还使用一种叫“泥娃儿”的模具打样，据样设计打捞工具，直到取难成功。颜姓本家请其取难，他以“不知深浅”而谢绝。因此本家人背后说他“手拐子朝外弯”。其实并非如此。就连雇用他的王三畏堂，蕴山也只管扇子坝十八眼井。其他井口落难，他也因这口井不是自己经手锉办的，没有“岩口簿”在手，以“我不知深浅”回绝。他住在双生井，十六岁到三畏堂做工，就在这双生井打牛脚杆(驱牛推车)，却对井况知之不多，双生井有难他也不取，原因就在于此。他是有自知之明的。据说蕴山经办的井口，都亲自记有“岩口簿”，因文墨很浅，上面很可能画些别人看不懂的符号，故误以为他识“鸟虫文”。他藉岩口簿，熟谙井况，所以每取难无不得心应手。

光绪二十年(1894)杨家冲王宝兴隆堂的发源井发现“绿豆岩”(即盐岩)，先是灌热水下井溶化，后来知道冷水亦可，自此盐卤产量很可观。盐岩井灌水俗称“渡白水”。当时杨家冲兴发井出现了怪事，渡进的白水走漏，而他井未渡白水却汲出盐水，大家疑惑不解，登门问兴发井事。其时蕴山已年愈古稀,养息在家,很少过问井口事,蕴山脱口而出“通腔”,并指示其查验办法,说:“渡水时,倒进一些很细的米糠,若他井复出,即为证实。”照办后,果然得验。不料这一来,一场渡水争讼案掀起,兴发井向他井索要渡水金,各井以各种理由赖账。最后由王宝兴隆堂主王和甫出面,建立“和福公盐岩渡水处”调解,一井渡水,诸井受益,设一大关按推卤担数摊水价。事情虽然解决了,但“通腔”之验,其实把三畏堂偷水公开化了，这次蕴山是否出于年高心稚还是其他原因,不得而知。他死后,那井口上立的“颜蕴三(山)公香位”牌子最大,也许是井主对他由衷的纪念。

彭县贾昌言

贾沛若

清末,天彭磁峰贾昌言写《易经易解》成,一时争诵,谓能破谶纬迷雾,得孔学真传。邑宰王宫午爱其才识,遂为忘年交。温郫崇灌间学子,负笈从游者络绎于途,竟如众水之朝东。昌言心志愈下,并不敢以区区成就骄人。

先是,双江刘止塘创槐轩学派,反对朱程之学。自谓:“六经订正付几曹,孔孟而后知多少。”

(《自题画像赞》)什邡袁慎五师事之,另创桂轩学派,摒弃科举,隐有反满之志。温邑大儒罗方廷处士,得桂轩真传,于咸、同年间避乱来磁峰,门弟子追随而至者数十百人。昌言遂亲炙于方廷,服膺槐桂之学。心折力行,视仕途如敝屣。师徒之间,情同父子,衣钵相传,门人并重之。槐桂四传,俨在磁峰矣。

方廷卒。昌言写《挽师五言古风四十韵》悼之,有"门前尽桃李,披拂无春风,一朝雨露歇,大道岂终穷"句。又为《祭师文》哭之,悲痛异常,数日不食。此不仅师徒情重,实亦"泰山其颓,梁木其坏,哲人其萎"(《祭师文》)之悲。至是,志愈坚,信愈笃,虽饔飧不继而心不动也。

入民国后,昌言目睹世风日薄,槐桂之道将穷而莫为之救。敦品立行者被目为迂腐,乃写《九日登高》诗以寄。诗末云:"兼葭苍苍露为霜,草木零落秋色黄。九月怀人我心伤,各在天涯水一方。"知音不在,同道凋零,苍凉悲苦之情,溢于言表。

"七七"事变前,昌言已愈七十。中国社会,在帝国主义侵凌,封建军阀盘踞下,民生凋敝,人欲横流,性命之学不行,槐桂之道谁信?昌言忧心如焚,而回天乏术,于是有《拟文帝乐府二首》、《又拟二首》,一弹三唱,慷有余哀。其前拟《燕歌行》:"北风起兮天未凉,山林落木经寒霜。雁飞南渡楚天翔,游人思念九回肠。何为不返客他乡,各在天涯水一方。独留妾身守空房,辗转中宵犹未央。牛郎窗外徒相望，何教织女限河梁！”全用文帝句法和原韵，缠绵悱恻，如孤鸿夜泣。有识者自不以闺情读之。游子思妇皆出于比兴，屈子失志时美人香草之意，昌言有之矣。

1938年5月，昌言卒。一生怀太上立德教化天下之心，人溺己溺，物与民胞，惜道高助寡，终吞天于浊流。昌言已矣，槐桂亦已矣！

下川东棋王

张汝砺

黎洪兴，丰都县城人，清光绪丙申年(1896)生，1954年病故。父早死，母提篮沿街卖针线杂货谋生。洪兴稍长，接母货篮作小货郎，后渐有积蓄。1931年，开设洪兴隆布店直至1949年。

洪兴少时未入馆就读。城有余奎龙，人称余五先生，开木厂兼教私塾。洪兴母姓余，认奎龙为舅父，常进出其家，借以读书识字。黎性聪敏，尤勤学苦读，几年后能代师教学。闲时喜下象棋，初弈棋均败，虽屡败而气不馁。当时余奎龙象棋棋艺城内有名，余每与人弈，洪兴即观摩心记，平时发奋钻研，家中墙壁，床帐布满棋式，睁眼可见，研习几至废寝忘食，尤对梅花棋谱研究有心得，三年棋艺大进，名闻县内外。

1935年赴万县，时盐店巷有摆棋式赌输赢

者,摆棋式三盘皆为黎破,本来棋式结局前人定为和局,经黎几步绕着后,和局突变为败局,因黎平时专研象棋残局,对各棋式了若指掌,破解棋式驾轻就熟,洪兴棋名遂流传万县。

抗战期间,日军已侵占三斗坪,全国棋帅谢侠逊,发起举行抗战募捐棋赛,卖门票,所获全部捐作抗日之用。比赛中最精彩的是,国家队与重庆队的三盘棋,每队由三人组成,重庆队三人中特邀洪兴主棋 (黎系重庆涂山棋艺社成员)。比赛三盘棋中,前两盘各有胜负成平局,第三盘和,比赛结果评出国家队、重庆队两个冠军,各发金牌一枚,从此洪兴棋名传颂重庆,被誉为下川东棋王。

洪兴为人豁达大度,喜诙谐,与人弈常让车马,城内无人能胜。他开局似平常,中局始显技艺,残局更见妙处,善用炮,重防守暗以守为攻。自著棋式 370 余个(现已散失)。

宝兴县早期发现的大熊猫

姚　枫

大熊猫, 乃生物学界的活化石, 是我国国宝。

一般人只知道“卧龙”为大熊猫自然保护区,实际上最早发现大熊猫的地方,在雅安专区的宝兴县。过去民间不识此种珍兽,常因啃食铜瓢铁锅,而加以捕杀。

历史巨掌终于拨开了这个封闭的门。19世纪30年代,欧美各国的生物学家维里奥克(Verreaux)、杰弗洛伊(Geoffroy)、戴维(David)、格瓦斯(Gervais)等,直至20世纪30年代的史密斯(Smith)、班斯(Banes)、赛斯(Seys)等,从清末到抗战前大约一百年间,先后到达宝兴县考察。戴维曾同盐井乡邓池沟一个姓何的天主教徒猎户上山,发现在地球冰川时期就已绝迹的大熊猫,欣喜若狂。他欲将此新奇稀世的珍兽介绍给世界,然而,大熊猫离不开它特定的生态环境,当时又没有运输活熊猫远行的条件,只得弄一张完整的皮子携回英国,由动物学家米尔恩·爱德华制成标本拿到巴黎展出,立即轰动欧洲,举世瞩目。

1932年后,赛斯与班斯相继去宝兴县夹金山一带考察,使中国生物学界开始注意,乃于1935年由张明俊、郭有文,1938年由刘承昭等进一步对大熊猫作调查研究,宝兴盛产大熊猫才受到广泛重视。可是,这一工作因抗日战争而停了下来。直至1961年中国科学院才再次列上日程。宝兴县到现在,已有一百零八只大熊猫走向了世界各国。

后蜀广政成都地震考辨

唐光沛

1976年成都防震，市民在大街边架床叠屋，机关、学校职工惟恐楼房倒塌，有在旷地搭棚度夜者，一时人心惶惶，谣言四起。风闻温江、双流地层断裂；而《四川地震目录》又记后蜀广政五年(942)十月，成都地震，属震中位置，震级七度，“摧民居百数”则成都为震中区，似乎言之有据。

这条记载出自《历代四川灾异提要》所引《蜀梼杌》。今查证丛书集成本，此书原文：“十月(广政五年)，摧民居百数。”《提要》把这次地震地点定在成都，而又把“摧民居百数”的“百数”二字，据四川存古书店本抄写为“数百”，于是《四川地震目录》作出了上述判断。

考《蜀梼杌》一书主要记述前、后蜀军国大事，记地震灾异用以示警，劝人主修明政治。其记后蜀广政元年十月、二年六月、三年五月及十月、五年五月及十月、十五年十一月、十六年三月的多次地震，皆不载明发生蜀中何地，故很难确定广政五年十月的这次地震地点就在成都。但是该书对于成都发生地震却相当重视，连广政三年五月的地震预兆：“银枪营中井水涌出”，都记下一笔，如果真是在其后二年十月成都就发生较后来1933年叠溪大地震波及市区更大的破坏，孟昶身居宫城，必然惊惶失措，君妃忙作一团。作者张唐英，新津人，距孟蜀不过百余年，焉有不记之理。

从现在地震科学的研究看来，成都平原的地质结构是稳定断块，西北至灌县灌口镇，东至龙泉驿，南至新津武阳镇的岩层，至今没有发现引起强烈地震的深、大裂带，所以《四川地震目录》的这个判断是不合适的。

盐源洼里“金娃娃”

曾月松

金沙江以盛产沙金得名，而真正产区却在雅砻江(大金河)上游的洼里。河水湍急，谷深峡险，冲出后流速锐减，泥石淤成面积约3760余亩的平斜圈椅坝子，碎块沙金沉陷其中，结构了一架大矿床。明朝开始采掘，因瓜别土司阻挠停办。清光绪二十五年(1899)复由招商局出面，以三千两纹银向土司买下矿权；辛亥革命后设矿务局，按每产一两黄金给土司百分之一作地租。至此，商旅云集，巨块沙金，名噪一时。其中罕见者莫如1912年金夫子叶焕文所挖的那块，重约有31斤(合老秤500两)。

叶焕文,盐源县人,他在洼里田坪富国洞采矿,忽被坠石扎伤其足,用力推移,沉重异常,且冰凉浸手,疑为金块,假装腹痛,用皮裤裹起背出,伺无人时细视,确是金块,乃潜运古墓埋藏。叶向矿主称病请假回盐源,徘徊数日,却以四周巡逻,缉查甚严,只得暂时返县。数月后重转矿区,藏金尚在,终于1912年12月27日晚偷运成功。他翻山越岭来到城里叶松廷茶铺投宿,夜间正削金块成沙以便支用,店主之妻祁氏发觉,即备酒菜陪饮同宿。

事后祁氏与丈夫合谋胁迫叶焕文,分巨金为二,以小半块赠妇;叶离去另住太平街王敬亭栈房,又因借秤称金被店老板窥见,盘诘再三,要求沾利,叶允诺后,还托其变卖了差不多二百两。风声传出,金矿局什长曹治安与县盐井井丁杨德昆向县报告,诬为盗金贼,下令捉拿。叶焕文急忙躲入福音堂,请求传教士劳益谦救护。盐源一面上报省公署,一面与传教士交涉,劳益谦狡诈,将大块私吞,交出叶焕文与零星金沙归案。叶焕文供词,当有半块交叶松廷,拘捕了叶、祁二人,那半块重6.25公斤原封未动。该金块略呈弧形,破口处长18厘米,顶端微凹,色带紫赤,真是稀世之宝的“金娃娃”!

四川省公署将6.25公斤巨金交农矿部,参加在巴拿马举办的国际博览会,来自世界各国的观众,无不为之咋舌。

叶焕文病死狱中,结束了他的黄金梦,没收

的散碎沙金，被层层官府吞食。至于教士劳益谦，他借机回国，余剩较大些的金块就下落不明了。

丰碑留翰墨

吴绍伯

彻底推翻封建王朝的辛亥革命运动，迄今已有八十年历史，但成都还存有一座身高31.85米，极为壮观的方型碑塔——“辛亥秋保路死事纪念碑”，矗立在城西人民公园内。此碑建于民国二年(1913)，由双流县人王楠设计。王楠毕业于日本“东亚铁道学堂”，是一位建设能手。

碑塔四面是由四位有名的书法家以不同字体写的十个擘窠大字：“辛亥秋保路死事纪念碑”，苍劲秀逸，引人入胜。由于当时四位书法家都未留名，至今各说不一，经过询证，才知道是赵熙、颜楷、吴之英、张夔阶四位所书。

东面是吴之英手笔。吴之英(1857—1918)四川名山县人，曾作过尊经书院主讲，《蜀学报》主笔，鼓吹变法维新。1912年被聘为四川国学院院正。他以书法著称于世，工篆隶，以汉碑为主，苍劲雄浑，字如其人。

南面是颜楷所书。颜楷(1877—1927)，字雍耆，祖籍山东，生于成都。1904年考取进士，供职翰林院，授编修侍讲的头衔。辛亥年请假回成

都，正值保路运动兴起，被举为川汉铁路股东会主席，又被推为保路同志会干事长，他不计个人安危，积极领导保路运动，被川督赵尔丰拘捕，1911 年 11 月被释。民国成立后，他曾出任四川法政学校校长，不久辞职，闲居成都，以卖字为生。晚年书法日益精进，纵横宏肆，风格隽永，成为一代书法名家。

西面是赵熙所书。赵熙字尧生，别号香宋(1867—1948)，四川荣县人。1891 年考中举人，联捷成进士。1911 年(宣统三年)入京作御史，先后上疏弹劾当权派首席军机大臣庆亲王奕劻、邮传部尚书盛宣怀丧权卖国，声震朝野。1917 年，赵熙返荣故里。赵熙是全国著名书法家，初学颜、柳，后又致力于魏碑，行书学《圣教序》、《兰亭帖》，参以苏东坡的《天际乌云》而自成一家。

北面是张夔阶所书。张夔阶名学潮，灌县人，清末贡生，能诗文，善画花鸟，尤擅书法，平时闭户研读，绝少与人往还。他一生安贫乐道，以清介著称于当时。

大使夫妇惊魂索桥

程泽友

1948 年 5 月，行政院长张群电告川省主席王陵基：英国大使近期来灌县参观美援都江电厂及都江堰。王陵基责成我筹备接待。

5月22日上午，英国驻华大使史蒂文森爵士偕夫人、武官等一行由成都抵灌县。陪同来的翻译是齐鲁大学校长刘世传博士。

参观都江电厂后，就去索桥游览。大使一行乘二十副无篷滑竿抬越玉垒关，视野开阔，景色如画：远眺峻岭雪峰，岷江滚滚而来；俯视急流呼啸，奔泻内外两江；近观古朴索桥，令人神往。

安澜索桥，横跨岷江，长里许，为古代桥梁建筑。桥以木桩承托，以竹为缆，铺木板，设翼栏。

大使夫妇与刘博士徘徊桥头时，适一老妪携一女孩，过桥如履平地，闪悠闪悠，别有风趣。见此情景，夫人兴起，率先上桥试游，笑呵呵，乐融融，欣然惬意。博士与大使相继跟上，行约数米。夫人的高跟鞋被木板卡住，两手无抓拿，筛糠抖颤，惊呼博士。大使见状，骇得两脚闪闪不前，摇摇欲坠。长袍平鞋的刘世传抢搀夫人，误踢板缝，趔趄窜倒栏边，连呼"主啊！"我见大祸临头，踉跄扑救刘世传。正在危急之际，幸得当地陪客飞步搀扶，才一一安返桥头。

大家惊魂甫定，问刘世传跌痛么？这位老活泼，却放声高唱："我今有幸学少年，索桥上玩'梭梭板'！"引起大使夫妇哈哈大笑！

白泥充饥奇闻

李伯雄

1936年四川大旱时，宜宾专员冷寅东深知求神祈雨无济于事，召集科研人员寻找粮食代用品。当时草根树皮，浮萍绿藻早已食尽，乃转而致力于白泥的研究，初步获得的结论是：白泥仅含磷、硝、铜、锌等化学成分，缺乏人体所需的物质。冷仍不灰心，又请上海某大学详加鉴定，得到的答复仍是：白泥不含人体所需的营养成分，只有人体所需的一二种矿物质。吃百斤白泥可获得二百卡热能。冷据此亲自作试验，用二两白泥加一两大米煮成稀饭，稍加白糖，食后确能耐饿，惟大便难解，须服用苏打、大黄之类通泻剂。于是认为试验成功，致函省主席刘湘建议推广，其函云：“近查灾情严重，各地饥民多挖白泥以为食料，目击此情，忧心如焚。白泥虽对胃肠消化不宜，但能耐饥，窃念民食维艰，欲禁其掘食，势不可能，如漠不关心，又情难弃置，思之再三，经亲身试验，得补救之方二：一为与粮食掺而食之，其害既少，耐饥力强，取利避害，岂可为智者所不取。其二，为腹胀饱懑，可以谷草或地瓜皮煎汤服用，其胀立解。拟请为宣传，俾宏救济，而拯灾黎。”这事幸未见明令推广，但案卷俱

存，无可置疑，确不能不使人深思慨叹了。

荒谬的祈雨古方

李伯雄

1936年四川大旱，百年未有，当局对抗旱赈灾，迄无良策。那时，宜宾专员冷寅东向省府送来川大教授朱长青献的解旱古方，函云："救旱之法……中土早有此种科学，远胜外洋而失传数千年……汉董仲舒《春秋繁露》有'噪而燔之'的记载，如法必得大雨。其法先择吉日，忌丙丁，用壬癸，设坛于去城十里，斜上稍高，须选直路。坛前用大木作三角架，高十米，四面堆柴禾百担，城内人民每人送稻草一担于架下，泼油二三桶于其上，以待燃之，此燔之精义也。其后须噪噪之法，乃集青壮二千名，从城至坛分十段，每段分驻二百人，均须执松明火把，先是从第一段之二百人起，行稍缓，寻直路，口中哦哦之声不绝，经至二段，增至四百人，行渐速，火愈明，声愈大，最后走完十段，行至坛前三角架，二千人松明火把如火龙，哦哦之声震天地，然后点燃柴堆，使燔噪达于天气，不出十二小时必得大雨。"

3月28日，全国赈济委员会委员长朱庆澜飞成都，从省主席刘湘处见到这个古方，认为："赈款有限，燔噪无穷，大有可取之处。"乃与刘

湘商定,略去两千人明火鼓噪,用设坛祈雨之法在全省推广。4月24日,省政府向各专县发出快邮代电,明令"关闭南门,敞开西门,禁屠十日,设坛祈雨,上挽天心,下抚民意"。刘湘还在文殊院参加祈雨法坛,口念"呼吁天恩,普降甘霖,以延国运,而济苍生",并发誓绝食一日,全家素食一月,以示虔诚。接着是省民政厅长稽祖佑参加石马巷玉参慈善会道教主持的祈雨法坛,名流方旭还为他写了一篇长达两三千字的疏文。省城如此,各县更甚,使赤地千里的四川饿殍载道,竟成鬼蜮世界。

锁"神"祈雨记

萧 烈

1940年,我在四川省政府任顾问,兼中江县长,时值旱灾,田土龟裂,人民连饮水都感困难。盗窃抢劫的事时有所闻,地方人士纷纷请求县政府设法求雨。我答应了,先后试行了传统求雨措施。

首先是严禁屠宰,以示仰体上天好生之德。其次是封锁南门,堵塞传说中旱魃经由之路。相继失效后,又组织农民玩水龙;在城外山顶积柴烧火;用火药炮向天施放,天仍无雨意。只好顺应舆情,请道士登坛作法。县长每天都去上香磕头，还光头赤足随同掌坛师到河坝请水。虽已历试诸法，依旧无效。

在求雨过程中，亦常有满天云雾，雷声大作，不料狂风骤起，云散又现晴空。老秘书王昌霖对我说："这是妖风，应锁拿风神惩处。"我问如何锁拿？他要我坐大堂，下硃谕，派侦缉警带两副铁链前往雷神庙，到后先向风神宣读硃谕，用铁链将风神偶像套住上锁。此时已有一轻罪犯人，预置风神之旁，侦缉警一手拉犯人，一手作捕风之势，迅即回衙禀报。县长得报后，升堂宣布风神罪行，下令收监。连同锁回轻罪犯一并送入大牢。本是近于儿戏的事，没想此后竟连下了一星期的大雨。这当然是极偶然的巧合，虽对安定人心也曾起到一定的作用，但平时不搞水利建设，遇旱手足无措，亦可见矣。

后记

四川省文史研究馆为《新编文史笔记》丛书提供的《巴蜀述闻》，期能对我省近、现代史做一点拾遗补缺工作，为宏扬民族文化，为社会主义精神文明建设尽绵薄之力。

《巴蜀述闻》以清新的文笔着重记述了四川在清末民初到1949年这一段历史时期中，史书上很少涉及到的点滴的人、事、物。凡所列篇章，大多是作者亲历、亲见、亲闻，即非如此，其史事也均有稽考。故其事可鉴，其文可读。

在编辑过程中，省文史馆馆员、省参事室参事以极大的热情撰稿，整理馆藏资料，积极提出建设性意见，帮助改进工作；并蒙我省各界人士惠赐佳作，大力支持。特此，谨致以衷心的感谢。由于我们水平有限，在编辑工作中存在缺点、错误，希望广大读者批评指正。

本册主编：高朴实、李有明、张小谷；编辑：

李仲玙、陈雁翚、李华飞、胡鸿经、郑永康、李金彝、夏寿北、张熙柏、安山、查常平。

编　者